高等教育における視学委員制度の研究
―認証評価制度のルーツを探る―

A Study of the Inspector System in Higher Education
- Seeking the Roots of the Certified Evaluation and Accreditation System -

林 透
Toru Hayashi

東信堂

はしがき

　近代の高等教育システムは、どの国においても他国からの知識移転 (Knowledge Transfer) を伴いながら発展し、更に発展し続けようとしている。しかしながら、各々の国のシステムとして定着していく過程において、当該国の歴史的構造や文脈に沿った溶け込み方をしているはずである。

　今日の日本の高等教育システムは、戦前・戦後の高等教育史を概観したとき、1991年の大学設置基準大綱化以降、実質的な変化が始まったと言って過言でないだろう。そして、その変化のスピードがここ数年加速度を増しているように感じてならない。大学教員として、FD (Faculty Development)・SD (Staff Development) 活動を企画実践する立場にある身として、海外から移入された新しい仕組の説明やその学内の適用に苦心することが余りにも多いように感じている。日本の高等教育がユニバーサル・アクセスの時代に突入し、高等教育システムそのものも一定の成熟期を迎えなければならないのだろうが、相変わらず新しい仕組の移入という一方通行的な姿勢が続いていることに疑問を呈したくなることがある。グローバル化の波が押し寄せる中で、日本特有の高等教育システムを自覚化し、世界に情報発信する姿勢こそが、今求められているように思われてならない。そのような姿勢が、日本の高等教育システムをグローバルスタンダードに押し上げる第一歩になると信じたい。

　我々大学関係者は、目の前の変化に対応することに追われるあまり、日本の高等教育システムが抱えてきた独自性や特性を見過ごしてしまう危険性がある。これまで歩んできた日本の高等教育システムの歴史を文脈に沿って学ぶべきではないだろうか。本書の使命は、日本の高等教育史において見過ごされてきた一本の縦糸を張り巡らし、質保証における日本的構造の探究に貢献することである。

日本では、高等教育における視学委員制度が長年運用されてきたが、なぜ同制度を真正面から取り扱うことがなかったのか、筆者にとっては大きな謎である。高等教育の質保証が喧しく叫ばれる中で、視学委員制度は認証評価制度の前身的な機能をある意味で担っていたのである。高等教育における視学委員制度は、その役割を決して終えていない。その存在は確実に息づいており、新たな役割を担うことを待っているように思えてならない。

本書の基となっている博士論文執筆時には、中央教育審議会大学分科会において、設置基準と設置認可の現状と課題の議論の中で、「視学委員制度の復活」について言及があり、第5章でもそのことを取り上げている。その後、視学委員制度を運用する具体化しようとする動きもあったようだが、話が立ち消えたかに見えた。しかし、ここに来て、中央教育審議会大学分科会大学教育部会において、設置認可後の質保証システムを検討する議論の中で、改めて以下のような言及がなされている。

・専門的な指導及び助言体制の在り方

設置認可後の高等教育機関の質保証について、認証評価と文部科学省の指導・助言等に加えて、認証評価等の結果によって不適切な事例が判明した場合などに、私学の法人運営面の「学校法人運営調査委員」のように、教学面では「視学委員」の制度を活用することが考えられるが、その在り方を含め設置認可後のトータルの質保証システムの在り方。(2013年9月20日開催 第25回中央教育審議会大学分科会大学教育部会資料「大学設置・学校法人審議会審議事項の整理(大学の質保証システムに関する検討課題)」抜粋)

設置認可後のトータルな質保証システムという観点以外に、従来の学部自治を超えた学位プログラム化の動きは分野別評価の導入や国際的通用性の担保という課題に直面することを予期させる。認証評価制度以前において分野別に指導助言が行われていた視学委員制度の機能や経験知に改めて着目すべき可能性をはらんでいると言えよう。

また、学校法人の法令違反における段階的措置に関する制度整備も進みつつあり、国として設置認可後の大学経営や大学教育の質を保証するシステムの必要性が高まっている。
　本書が、高等教育史研究としてだけでなく、今日の諸制度を照射し、読者の考察を深めるために寄与するならば、著者としては望外の喜びである。

　さあ、認証評価制度のルーツを探る過去への旅路を始めることにしよう。

著　者

目次／高等教育における視学委員制度の研究

はしがき……………………………………………………………………… i
本文中図表一覧……………………………………………………………… viii

序　章　問題の所在と研究の枠組み……………………… 3

第1節　問題設定 ……………………………………………………… 4
　（1）問題設定とその背景 ……………………………………………… 4
　（2）本研究の対象 ……………………………………………………… 6
第2節　先行研究の検討 ……………………………………………… 9
　（1）高等教育の質保証に関する研究 ………………………………… 9
　（2）視学委員制度に関する研究……………………………………… 11
第3節　研究の方法と枠組み ………………………………………… 15
第4節　本論文の構成 ………………………………………………… 16
注（19）

第1章　戦前における視学委員制度 ……………………… 21

第1節　戦前における高等教育の質保証システム ………………… 23
第2節　無試験免許指定制度と文部省視学委員 …………………… 24
　（1）適格判定としての無試験免許指定制度………………………… 26
　（2）視学委員による無試験免許指定審査過程の実態……………… 30
　（3）私立医歯薬系専門学校を取り巻く社会的状況 ……………… 37
第3節　思想統制手段としての文部省視学委員制度……………… 43
第4節　小　括………………………………………………………… 45
注（46）

第2章　戦後における視学委員制度の展開 …………49

第1節　占領期における視学委員制度 ……………………… 51
　（1）ＧＨＱによる教育改革 ……………………………… 51
　（2）占領期における視学委員の実態 …………………… 53
第2節　文部省視学委員規程制定以降の制度的展開 ……… 58
　（1）文部省視学委員規程の制定 ………………………… 58
　（2）池正勧告を契機とした文部省視学委員の拡充 …… 63
　（3）視学委員制度への期待と現実 ……………………… 65
第3節　小　括 ………………………………………………… 71
注（73）

第3章　アクレディテーションと視学委員制度 ………75
　　　——大学基準協会での議論を中心に——

第1節　大学基準協会の歩みと模索 ………………………… 77
第2節　臨時教育審議会と契機とした大学基準協会の活性化 … 80
第3節　「本協会あり方検討委員会」における議論の考察 … 82
　（1）「本協会あり方検討委員会」における議論（その1）…… 82
　　　——文部省視学委員制度の移管問題——
　（2）「本協会あり方検討委員会」における議論（その2）…… 84
　　　——文部省視学委員制度との併存を巡って——
　（3）「本協会のあり方に関する第二次中間まとめ」以降の動向 … 88
第4節　小　括 ………………………………………………… 91
注（92）

第4章　視学委員制度の運用 ………………………………93
　　　——1991年～2004年を中心に——

第1節　大学設置基準大綱化以降の制度と実態 …………… 94
　（1）実地視察の実態 ……………………………………… 94

（2）指導助言の実態……………………………………………102
　（3）改善充実要望事項の履行状況 …………………………104
第 2 節　実地視察受審大学のケーススタディ ………………108
　（1）私立大学の事例……………………………………………108
　（2）国立大学の事例……………………………………………111
　（3）ケーススタディから得られる知見 ……………………115
第 3 節　視学委員経験者から見た視学委員制度 ……………116
　（1）文学視学委員経験者の事例………………………………116
　（2）薬学視学委員経験者の事例………………………………118
　（3）視学委員経験者の事例から得られる知見 ……………119
第 4 節　政府関係者から見た視学委員制度 …………………120
　（1）実務担当経験者の事例 …………………………………120
　（2）政策責任経験者の事例 …………………………………121
　（3）政府関係者の事例から得られる知見 …………………123
第 5 節　小　括…………………………………………………124
注（128）

第 5 章　視学委員制度から認証評価制度へ ………… 131
第 1 節　第三者評価制度と規制改革の波 ……………………132
第 2 節　視学委員制度の機能停止と認証評価制度の発足 …133
　（1）視学委員制度の機能停止に至る過程 …………………133
　（2）認証評価制度発足後の質保証システムと視学委員制度 ………139
第 3 節　小　括…………………………………………………142
注（143）

終　章 …………………………………………………… 147
第 1 節　本研究の要約 …………………………………………149
第 2 節　視学委員制度の特徴と意義 …………………………152

第3節　今後の研究課題 …………………………………………………… 156

資料集 ……………………………………………………………………… 159
　資料1　関係法令等一覧 ……………………………………… 160
　資料2　視学委員制度の変遷 ………………………………… 172
　資料3　分野別の視学委員の数と視学委員会の開催数の推移 …… 178
　資料4　教職課程認定大学実地視察における視学委員の活用 …… 181
引用・参考文献 ……………………………………………………………… 184
あとがき ……………………………………………………………………… 193
索　引 ………………………………………………………………………… 197

[凡例]
本文及び資料集において、旧字体は原則として新字体に改めた。

本文中図表一覧

本　編
序　章
　　　　図 0-1　大学評価の構造

第1章
　　　　表 1-1　私立医学専門学校に係る設置認可申請及び無試験免許指定申請比較表
　　　　表 1-2　私立医歯薬系専門学校の設置及び無試験免許指定状況一覧
　　　　表 1-3　四医専（岩手医専・昭和医専・大阪高等医専・九州医専）に対する改善事項指示事項
　　　　表 1-4　専門分野別大学・専門学校卒業者数に見る私立専門学校のシェア比較表
　　　　図 1-1　医師免許取得区分別比較表
　　　　図 1-2　歯科医師免許取得区分別比較表
　　　　図 1-3　薬剤師免許取得区分別比較表
　　　　表 1-5　私立医科大学及び私立医歯薬専門学校の不正入学等への対応状況

第2章
　　　　表 2-1　医学視学委員名簿（1946年9月26日発令）
　　　　表 2-2　歯科医学視学委員名簿（1947年1月22日発令）
　　　　表 2-3　薬学視学委員名簿（1947年10月31日発令）
　　　　表 2-4　獣医学視学委員名簿（1948年1月22日発令）
　　　　表 2-5　1960年度〜1999年度における分野別の視学委員の推移
　　　　表 2-6　農学視学委員名簿（1962年6月現在）
　　　　表 2-7　医学視学委員名簿（1984年6月現在）
　　　　図 2-1　学部入学定員充足率の推移
　　　　表 2-8　私立大学等経常費補助金を交付しない定員超過率の推移
　　　　表 2-9　設置形態別の大学・短期大学における入学定員充足率の推移
　　　　表 2-10　視学委員の指導実績調べ（1970年度）
　　　　表 2-11　視学委員の指導実績（1979〜1981年度の平均）

第4章
- 表4-1　年度別視学委員実地視察件数（1991年度～2002年度）
- 表4-2　視学委員実地視察標準日程表
- 表4-3　実地視察調項目対照表
- 表4-4　視学委員実地視察に基づく文書指導の件数と内容（1996年度-2000年度）
- 表4-5　改善充実要望事項についての改善充実状況報告書
- 表4-6　視学委員実地視察後の履行状況（1999年度実地視察分）
- 表4-7　私立A大学における視学委員実地視察実績
- 表4-8　私立B大学における視学委員実地視察実績
- 表4-9　国立C大学における視学委員実地視察実績
- 表4-10　国立D大学における視学委員実地視察実績
- 表4-11　視学委員制度に関する肯定的評価・否定的評価

第5章
- 表5-1　休眠状態の視学委員の状況等
- 図5-1　認証評価制度導入以前の質保証システム
- 図5-2　認証評価制度導入以後の質保証システム
- 表5-2　設置認可・届出の総件数の推移
- 表5-3　2005～2010年度以降の設置計画履行状況調査（アフターケア）の実施状況

終章
- 表6-1　視学委員制度の特徴の時期的推移

資料集
資料2
- 表7-1　視学委員制度の変遷

資料3
- 表8-1　分野別視学委員の数と視学委員会の開催数の推移

高等教育における視学委員制度の研究
―― 認証評価制度のルーツを探る ――

序章　問題の所在と研究の枠組み

　本研究は、日本の高等教育における視学委員制度について、制度的沿革と機能を中心に考察を行い、それが高等教育の質保証システムとして果たした役割を明らかにすることを目的とする。

　本章では、その前提条件として、問題設定とその背景、さらには本研究の対象について言及する。具体的には、高等教育の質保証と質保証システムの日本的構造に関する概念整理、当該概念整理に基づく本研究の位置付けの明確化を図りながら、研究の動機や意義について詳述する。また、先行研究における成果と課題についてレビューした上で、具体的な研究方法として、国立公文書館所蔵の政府文書、文部科学省関係資料、各学校史、伝記類等を手掛かりとした文献研究を基本に、視学委員による実地視察を受審した大学への訪問調査(インタビュー調査及び資料調査)のほか、視学委員経験者や文部科学省担当者へのインタビュー調査を通して、視学委員制度の運用の実態やその機能を分析することとした。また、研究の枠組みとして、戦前期・戦後期で時期区分を整理したほか、各時期区分ごとの分析の観点(パラメーター)を明示する。

第1節　問題設定

本節では、まず、本研究のテーマである高等教育における視学委員制度の研究について、問題設定とその背景を整理するとともに、本研究の対象を明確化する。

(1) 問題設定とその背景

本研究の動機は、文部科学省関係者や大学側の設置審査担当者にとって、視学委員の存在は比較的知られた存在であり、視学委員実地視察の事実や視学委員としての経歴についても個々に公表されていながら、日本の高等教育研究において、視学委員制度が制度的に明確に位置づけられずにきた状況に対する素朴な疑問に始まる。

日本の高等教育における視学委員制度に関する考察は、この制度を部分的に取り上げたものがわずかに存在するのみで(黒羽1990、喜多村1999)、その本格的な分析は皆無であるといってよい。黒羽(1990:46)が「視学委員や学校法人調査委員は、年間約100の学部を手分けして訪問・調査し、指導・助言に当たっているという。水準維持行政に当たっていると見ることができるが、その職務内容と業績については公表されていない」と述べているように、資料が少なく、制度の実態把握が困難であることが、これまで言及されてこなかった大きな原因の一つと考えられる。しかし、羽田(2005: ii)が「質保証の問題は(中略)各国の高等教育システムの特質として把握しようとすると、中等教育との接続関係や、学位・資格の問題、政府による各種の質保証システム、例えば、日本の場合でも視学委員などの役割を含めて考察する必要があり、十分に解明できたとはいえなかった」と指摘するように、日本の高等教育の質保証に係る構造や文脈を解明する上で、視学委員制度に関する考察は不可欠である。

日本の高等教育の質保証に関する概念把握や制度的対応は、時代に応じて

大きな変容を遂げてきた。今日では、高等教育機関における人材養成目的や学習成果などのアウトプット指標やアウトカム指標による質保証が政策的課題となっているが、戦前期・戦後期の長い期間において、設置基準遵守のインプット指標による質保証が基本であった。1990年代に至るまで、設置認可後の高等教育機関の質保証は、僅かながらに視学委員制度の運用によって制度的対応がなされていたと整理することができるのではないか。このような観点から、質保証システムに根付く中央集権的風土を日本的構造の一端として見出すべく論考を進めていきたい。

　高等教育のグローバル化やマス化・ユニバーサル化に伴い、質保証の在り方は、政府による統制機能からアクレディテーションに代表される第三者機関によるチェック機能に委ねられる傾向にあり、日本も国際的潮流に沿って新たな質保証システムの構築を図ってきた。その一方で、規制改革の反動から、政府による統制機能の必要性も求められている。

　日本の高等教育制度は、欧米の諸制度を概念的理解から導入し、政策誘導する傾向が強いため、日本の高等教育の構造的文脈がややもすると軽視されがちである。昨今の質保証システムの揺らぎもその象徴的事例であり、質保証システムの日本的構造の解明こそが設置認可制度と認証評価制度のバランス、すなわち、政府と第三者評価機関との連携を円滑なものにする一つの鍵になると考えたい。米国が自律的に構築したアクレディテーション・システムが、欧州や日本にそのまま移入され、運用されることはないわけである。

　本研究では、欧米の教育制度を多分に移入しながら発展を遂げた日本の高等教育システム、特に質保証システムに焦点を当てながら、その日本的構造の一考察として、公的な質保証システムとして永年運用された視学委員制度を取り上げ、制度的意義を明らかにする。

　日本においては、認証評価制度導入を契機に、高等教育機関の質保証に係る政府と認証評価機関との役割分担が法令等において明確化されたが、認証評価制度導入以前の時代において、高等教育の質保証システムは、設置基準及び設置認可行政によって担保されることが多く、設置認可後の質保証の在

り方について具体的な追究が行われてこなかった。

　本研究で、以下に明らかにしていくように、1961年の私立大学の学科増設及び学生定員変更の事前届出制の導入において、大学教育の水準維持向上策として視学委員制度の拡充強化が図られたほか、1960年代から70年代にかけての政府関係者の公式発言等に拠れば、設置認可後の水準維持に係る諸課題に対し、視学委員による指導助言をもって対応しているとの説明が常套であったことを考えたとき、設置認可後の質保証システムとしての視学委員制度の機能を無視することはできない。終戦直後の大学基準協会創設によるアクレディテーション・システムの移入がうまく定着しなかったことと裏腹に、戦前期から戦後期にわたって制度運用されてきた視学委員制度の実態に着目することこそ、質保証システムの日本的構造の解明に資するものである。

(2) 本研究の対象

　本研究の対象とする視学委員制度の範囲について明確化しておく必要があろう。

　日本における視学は、明治期の学制制定をその淵源とし、官僚機構の一機能として、担うべき職務の性格を変えながら、今日に至っている。神田（1990：384）は、「戦前日本の視学制度は、学制における督学、視学（1873、文部省職官改正）にその端緒をみることができる」としている。

　以下、巻末の資料1掲載の法令等を参照しながら、視学全般の制度的沿革を辿っておこう。1872年制定の学制において、「督学は大学本部督学局に置かれ、文部卿のもとで大学区内の学事を統轄する最高監督官、視学は専ら学事の巡察指導と『処務』に従事するものとされた」（神田1990：384）。しかし、学制の基本構想が実現に至らず、督学局は文部省の一部局となり、1877年に廃止された。その後、1885年には文部省内に視学部が設置され、1886年の文部省官制により学事視察を目的として、5名の視学官が置かれた。「この視学官は『官制』により規定された国家の官吏、天皇の官吏であり、それ以前の視学機関が教育制度・内容の普及監督者としての性格をもっていたの

に対し、むしろその統制監督者」(神田1990：385)としての性格を有するものであった。1890年には、小学校令において、地方に郡視学を設置することが規定され、1899年の地方官官制では、視学官・視学・郡視学が府県知事・郡長の補佐機関として設置され、中央、地方における視学制度の整備が図られた。

　視学制度が中央組織・地方組織で整備される中で、「指導的・先進的な教師による一般教師に対する啓蒙指導者としての、教育普及指導を目的とする『教育的視学』」(神田1990:384)から、「国家の官吏、国家の教育事務の監督を主たる任務とする『教育行政的視学』」(神田1990:384)へとその役割を変えていくこととなった。視学は、「教育内容の監督のみならず、教員の身分監督を行うものとなり、事実上教員人事の実権を握るとともに、教員の思想統制に重要な役割」(神田1990：384)を果たした。1902年に私立哲学館で実施された卒業試験を検定した視学官の指摘により、同校の教員免許無試験認可取消に発展した「哲学館事件」は当時を象徴する事件であった。

　また、戦前の視学にまつわる強権的な官僚イメージは、1906年に発表された島崎藤村の名作『破戒』など、当時の文物にも表現されている。

　　その日は郡視学と二三の町会議員とが参校して、校長の案内で、各教場の授業を少許ずつ観た。郡視学が校長に与えた注意というのは、職員の監督、日々の教案の整理、黒板机腰掛などの器具の修繕、又は学生の間に流行する「トラホオム」の衛生法等、主に児童教育の形式に関した件であった。(中略)この校長に言はせると、教育は即ち規則であるのだ。郡視学の命令は上官の命令であるのだ(島崎1906)。

　戦前期の視学制度については、これまで一般的には初等中等教育関連の活動のみの言及がほとんどであったが、高等教育関連の制度運用がなされていた事実にも着目すべきである。文部省(1949)の「昭和4年から、医学関係その他につき常設の視学委員も任命されたが、これも一応、年毎に発令された

如くである」という記述は重要な手掛かりとなる。第1章で詳述するところであるが、視学委員制度が私立医歯薬系専門学校の無試験免許指定審査に関与して運用されていたことが分かる。視学委員制度自体については、1891年の文部省分課規程において「視学部ハ視学官及視学委員ヲ以テ組織シ学事ノ視察及学校検閲ニ関スルコトヲ掌ル」と規定されたことを端緒とするが、その後一時的に中絶し、1908年の文部省視学官及び文部省視学委員職務規程制定以降、同規程に基づきながら、「文部大臣ノ命ヲ承ケ主トシテ特ニ指示セラレタル学事ヲ観察」することを職務として機能していた。この規程に則り、高等教育に関する視学委員が運用されていた。

　戦中期に至り、視学制度の官僚化が進み、陸軍将校や海軍将校が視学官や視学委員に就く事態となり、初等中等教育及び高等教育を含めて、その役割は国体保持のための思想統制機能が強化された。1942年には、行政簡素化の為の文部省官制及び地方官官制の改正に伴い、視学官、社会教育官、教学官が教学官として一本化された（神田1990：385）。

　戦後期に至ると、地方教育行政として初等中等教育において重要な役割を果たした視学制度は1948年の教育委員会法の制定により、新たに指導主事制度に取って変えられることとなった。一方、文部省組織では、1950年代以降、省令において視学官及び視学委員の設置とその職務が改めて規定されることとなった。第2章で詳述するが、高等教育に関する視学委員は、戦前期から引き続き、戦後期においてもその性格を変えながら運用されることとなった。

　本研究では、以上のような視学全般の制度的沿革を踏まえながら、初等中等教育に比べ殆ど究明されていない高等教育における視学委員制度に焦点を当て、1900年代以降、戦前期・戦後期にわたる制度的沿革や機能を明らかにする。

第2節　先行研究の検討

　高等教育機関は、それぞれの時代の社会的要請に応じた人材養成を行うことが最大の使命である。マス化以前の高等教育機関は付託された社会的責務を果たし、その存在意義を社会的に大きく問われることはなかった。今日の多様化、かつ、グローバル化した環境にあっては、高等教育機関が担うべき機能は大きく広がり、そのあり方自体について学術的に問われる機会が多くなった。しかし、昨今の高等教育研究は、教育方法の改善、学習成果の向上といった実践的な課題解決や教育システムの国際比較による政策的な課題解決に力点が置かれがちであることは否めず、体系的な学術研究の領域に進化させていくことが大きな課題である。

　本節では、高等教育の質保証に関する先行研究の動向を概観した上で、視学委員制度に関する先行研究についてまとめる。

(1) 高等教育の質保証に関する研究

　本研究では、視学委員制度研究を通して、質保証の日本的構造を追究しようとするため、これまでの高等教育の質保証に関する先行研究について把握しておく。

　我が国において、大学評価ということが大学改革の大きな課題の一つとして取り上げられるようになったのは、1984年から1987年に至る、臨時教育審議会の答申を通してからである。

　大学評価は日本だけで突如として問題とされるようになったのではなく、1980年代から諸外国とりわけ先進工業諸国でいっせいに出現してきた国際的な共通課題であった。「規制緩和」「自己規制強化」「アカウンタビリティ」「情報化」「国際化」などの今日的課題の一環として、大学が評価の対象とされ、社会からの大きな期待や要求が高まってきた(喜多村1993：7)。

　米国においては、約1世紀半にわたって、アクレディテーション方式によ

る厳格な基準認定が行われている。欧州においては、各国の高等教育機関が外部による品質評価（External Quality Assessment,EQA）のシステムの構築・展開を進めている。そのシステムについては、Vroeijenstijn（1995＝2002：122-127）が国別に次の4つのグループに分類するとともに、欧州型の大学評価の共通的な特徴を、①メタレベルで機能する管理主体が存在すること、②すべてのシステムは自己評価又はピア・レビューに基づいていること、③EQAの目的として品質の改善及びアカウンタビリティを重視していること、④大学のプログラムレベルを対象としてEQAを行っていること（フランスのCNEやイギリスのHEFCEのみが高等教育機関全体を対象としている。）に整理している。

　　　　第1グループ……イギリス、フランス、オランダ
　　　　第2グループ……ベルギー、デンマーク、スウェーデン、フィンラン
　　　　　　　　　　　ド
　　　　第3グループ……ポルトガル、スペイン、ドイツ、オーストリア、ス
　　　　　　　　　　　イス
　　　　第4グループ……イタリア、ギリシャ、ベルギー、中央・東ヨーロッ
　　　　　　　　　　　パ諸国

（Vroeijenstijn 1995＝2002：123）

　欧州では、その後、1999年のボローニャ宣言を受けて、「共同のヨーロッパ圏を創設する際の協力を唱えていることから、アクレディテーション・システムを設ける努力は個々の国で増し」（Teicher 2005＝2005:14）、同宣言の目標年次である2010年を経て、更なる継続的取組が進められている。
　我が国において、大学評価を超えた包括的な枠組として、高等教育に関する質保証が重要なテーマとして認識されるようになったのは2000年前後である。2002年には中央教育審議会において『大学の質の保証に係る新たなシステムの構築について（答申）』がなされることとなった。
　質保証とは、広義には、「高等教育機関、高等教育提供者及び高等教育プ

ログラムの質の測定、監視、保証、維持、強化に関する一連の方法や手続き、又は機関、専門職団体、政府や他の基準設定団体によって設定された教育プログラム基準の達成度が測定される過程」（OECD2004）を意味し、「評価、適格判定及び監査」（ENQA2005）を包含したものと考えられている（羽田・米澤・杉本編2009：14）。これらの考えを基に、欧州では1980年代頃からアクレディテーションの導入など質保証制度の構築が進んだ。日本ではそのような国際的な潮流の中で、高等教育の質保証に関する議論が高まった。

　高等教育の質保証に関する研究としては、国際比較研究が主であり、広島大学高等教育研究開発センター（2005）、羽田・米澤・杉本編（2009）が日本・米国・欧州・中国の質保証システムについて総括的にまとめている。前者において、羽田（2005：ⅱ）が既述のとおり、日本の高等教育の質保証システムについて視学委員制度に係る研究が未だ課題として残っていると言及している。

　以上のように、高等教育における質保証概念そのものが近年生じたものであり、かつ、その多様性ゆえ、十分な概念整理が行われていないのが現状である。

(2) 視学委員制度に関する研究

　既に言及しているように、高等教育における視学委員制度に関する本格的研究はこれまで皆無であった。戦前期の教育行政における視学制度の中心が地方の学校監督や教師指導にあったため、教育行政学的アプローチから初等中等教育における視学制度をテーマに扱った先行研究（神田1970、平田1979、鈴木編1990）がほとんどであった。そのことは初等中等教育における視学制度関連の公表資料が比較的多く存在することに主に起因していると思われる。

　このように高等教育における視学委員制度に関する研究が乏しい中にあって、第1章以降で考察する事項に関連付けながら、その周辺の先行研究について整理しておきたい。

　まず、戦前期における視学委員制度は、私立医歯薬専門学校の無試験免許指定審査において大きな役割を果たしていた。1903年の専門学校令制定以

降の私立専門学校の質保証は、天野(2007：270)が「私立専門学校については、たとえば職業資格試験の受験資格などの特典とひきかえに、国家によるコントロールの強化がはかられ、同時にそれによって私立専門学校の水準が高まり始めた」と指摘するように、職業資格試験制度に大きく依存していた。特に、医師・歯科医師・薬剤師といった専門的職業を養成する私立医歯薬系専門学校にとって、1916年の医術開業試験制度の廃止により、文部大臣による無試験免許指定を受けることが社会的なステータスを確保する上で必要不可欠な要件となった。

戦間期[1]になると、私立医歯薬系専門学校の量的拡大が進む中で、営利主義的学校経営の顕在化や不正入学の多発を招くことになり、無試験免許指定制度を始めとした政府による質保証が強化されるに至った。伊藤(1999：105)は、戦間期を「私学に対する政府の態度の変化を、無視できぬかたちで顕在化させつつあった時代」と捉え、私立高等教育機関に対する政府の関与が強化される社会的状況に言及しているが、戦間期における質保証システムの実態について解明するには至っていない。

無試験免許指定制度及びそれに強く関与した視学委員制度に関する先行研究はほとんど皆無であり、天野(1977)が政府による「適格判定」行為として無試験免許指定制度について言及するに留まる。戦前期の医師養成における政策レジームとアクターの関与を論述した橋本(2008)においても、医術開業試験廃止以降の戦間期における医師養成の実態については概説的な記述のみである。なお、無試験免許指定制度と同様に、専門的職業資格を無試験にて付与する制度として存在した中等教員無試験検定制度については、船寄・無試験検定研究会編(2005)が教科別に当該制度の実態を実証的に調査しているほか、佐々木(2002)が戦前期女子高等教育の量的拡大過程の一要素として論究するなどの先行研究が見られる。

次に、戦後期については、金子(1998)が「設置後の品質保証が欠けている。これはむしろ戦後の日本の高等教育の非常に大きな特質であって、そのままが問題として残っている」と言及しているように、1956年の大学設置基準省

令化後、設置認可行政が大きな影響力を持つようになる中で、大学設置認可後、特に完成年度以降の質保証の制度的明確化が図られない状況が長く続いたという理解が一般的であった。しかし、詳細には、戦後当初、大学基準協会が創設され、連合国軍最高司令官総司令部(以下「GHQ」という)によりアクレディテーションの導入が図られたが日本の高等教育システムには定着せず、これに代わり、以下本研究において明らかにしていくように、設置認可行政の強化の中で視学委員制度による指導助言をもって質保証を図ろうとした事実を認識しておく必要がある。

　近年では、橋本(2003、2004)が、国立国会図書館所蔵のGHQ/SCAP資料に基づき、占領期の医学教育改革について明らかにする中で、医学視学委員の委嘱の経緯や果たした役割について詳細に紹介していることが特筆される。これに関連して、堀籠(2008)が、戦後日本医療システム形成史研究の進展に資する基礎的知見が得られるものとして、GHQによる医療制度改革の背景にある意図や理念を追究する中で、実地修練(インターン)制度、国家試験制度のほか、医学視学委員制度が果たした役割について言及している。

　占領期以降の時代的変遷において注目に値するのは、臨時教育審議会での議論を契機に、大学基準協会に設置された「本協会のあり方検討委員会」(以下「あり方検討委員会」という)において、当初、「大学基準協会による大学評価が行われるようになった場合、この視学委員制度等との関係がどうなるか」(西原1990：228)が議論の的となったことである。大学基準協会と文部省視学委員制度の関係については、麻生(1997)が「二つのアクレディテーションが動いていた」と指摘しているように、戦後日本高等教育の視学委員制度の展開を考える上において、重要な視点である。これまでの日本の高等教育におけるアクレディテーション研究においても、大学基準協会と視学委員制度を巡る議論についての論考はなく、僅かに、西原(1990)や林(2008)がその事実に言及したのみであり、大学基準協会(2005)や早田(1997)などの大学基準協会の歩みを綴った諸文献においても取り上げられることはなかった。

　視学委員制度を総体的な制度枠組みの中で捉えようとする観点に乏しい

外部評価［大学の外部社会による大学評価］

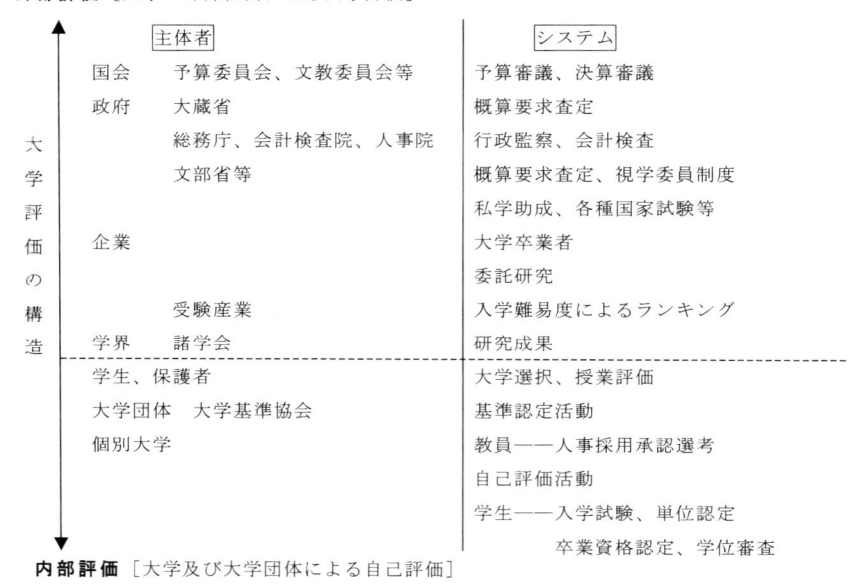

	主体者	システム
国会	予算委員会、文教委員会等	予算審議、決算審議
政府	大蔵省	概算要求査定
	総務庁、会計検査院、人事院	行政監察、会計検査
	文部省等	概算要求査定、視学委員制度
		私学助成、各種国家試験等
企業		大学卒業者
		委託研究
	受験産業	入学難易度によるランキング
学界	諸学会	研究成果
───────	───────	───────
	学生、保護者	大学選択、授業評価
	大学団体　大学基準協会	基準認定活動
	個別大学	教員——人事採用承認選考
		自己評価活動
		学生——入学試験、単位認定
		卒業資格認定、学位審査

(縦軸：大学評価の構造)

内部評価［大学及び大学団体による自己評価］

図0-1　大学評価の構造

出典：喜多村（1999:220）図表14。

が、喜多村（1999:220）は大学評価の構造を大学自らの主導権で自己を評価する「内部評価」と大学の外部者（政府など）が大学を評価する「外部評価」に区分し、**図0-1**のように評価主体と評価対象の関係を示している。政府による外部評価の一つとして視学委員制度が位置付けられていることに注意しておく必要があろう。

　以上のように視学委員制度は、戦前期・戦後期を通して運用されながら、従来の高等教育研究では断片的にしか取り扱われなかった。このような現状を踏まえ、視学委員制度を中心に据えて、その制度的沿革と機能を明らかにすることが本研究の課題である。その上で、日本の高等教育のコンテクストの中で、質保証システムとしての視学委員制度の位置付けを明確にしたい。

第3節　研究の方法と枠組み

　本研究では、視学委員制度を質保証システムの一つとして捉え、その制度的沿革や機能を明らかにすることを目的とする。以下で、そのための分析の方法と枠組みを設定する。

　高等教育の質保証研究は欧米の諸制度に依拠したものが多いが、本研究は高等教育の史的展開に着目することによって、日本的構造を浮き彫りにし、制度的課題や今後の発展に示唆を与えることができるのではないかとの問題意識に立っている。多角的なアプローチを試みることにより、高等教育における視学委員制度の沿革や機能について考察を深めていきたい。そのためには、設置法制や高等教育政策などと関連付けながら分析し、質保証システムとしての視学委員制度の位置付けを明確化していくことが大切であると考える。

　先述のように本研究は、まず、高等教育における視学委員制度関連の先行研究が欠落している状況の中で、視学委員制度に関する基礎的資料を収集し、戦前期・戦後期を通した制度的沿革を明らかにすることに取り組む。そのために基本的には文献研究の手法により、国立公文書館所蔵の政府文書、文部科学省関係資料、各学校史、伝記類等を手掛かりに視学委員制度の全貌を明らかにしたい。その上で、視学委員による実地視察を受審した大学への訪問調査（インタビュー調査及び資料調査）のほか、視学委員経験者や文部科学省担当者へのインタビュー調査を通して、視学委員制度の運用の実態やその機能を分析する。

　研究の枠組みとしての時期区分については、視学委員制度自体の制度的変化に着目しながら整理する。まず、戦前期と戦後期では視学委員制度の役割が大きく異なり、前者は私立医歯薬系専門学校の無試験免許指定審査に主に関与した時期であり、後者は主に設置認可後の質保証機能を果たした時期であり、まずこの二者に大きく区分する。次に、戦後期については、①占領

下の視学委員制度運用期、②1955年文部省視学委員規程制定以降の視学委員制度拡充期、③1980年代の臨時教育審議会を契機とした視学委員制度再考期、④1991年大学設置基準大綱化以降の視学委員制度弾力的運用期、⑤2000年以降の視学委員制度から認証評価制度への転換期という5つの時期区分に整理する。

　各時期区分に応じながら、視学委員制度の運用目的、運用主体、運用対象、根拠法令等、評価基準、運用サイクルを分析の観点として考察を行う。具体的には、それぞれの時期において、視学委員制度がどのような目的で、どの高等教育機関を対象に運用されていたのか、また、同制度がどのような法令等を根拠にし、どのような評価基準をもって実際の活動を行っていたのか、そして、その活動はどのような時間的サイクルで行われていたのかについて、上記の基礎的資料に基づきながら明らかにしていきたい。さらに、同制度がどのような制度的変化を経たのか、その要素・要因は何であったのかという点についても考察する。そして最後に、視学委員制度を通史的に考察した結果として、その変遷とその背景の全体像を描くとともに、さらにそれが高等教育の質保証システムとしてもった特質についてまとめることとしたい。

第4節　本論文の構成

　本研究の内容は、序章と終章を含め、全7章から構成されている。

　これまで述べてきたように、序章では、高等教育の質保証と質保証システムの日本的構造に関する概念整理、当該概念整理に基づく本研究の位置付けの明確化を図りながら、研究の動機や意義について詳述した。また、先行研究における成果と課題についてレビューした上で、具体的な研究方法として、国立公文書館所蔵の政府文書等に拠った実証的研究を基本とし、視学委員制度の制度的沿革を明らかにすることを第一に、視学委員制度の機能や効用を明らかにすることを加味しながら多角的に研究を進める。その際、制度的沿革の明確化に当たっては時期区分を予め設定し、分析の枠組みを提示した。

序章で示した時期区分と分析の枠組みに基づきながら、第1章から第5章にかけては、時系列的に視学委員制度が果たした役割や機能について取り上げ、当時の高等教育政策や社会状況と関連付けながら考察し、終章において質保証システムとしての視学委員制度の位置付けを明確化することとしたい。
　第1章では、戦前日本における視学委員制度について取り上げる。具体的には、1872年の学制発布以降の視学制度の沿革を押さえながら、視学委員制度が大正・昭和期において私立医歯薬系専門学校の無試験免許指定審査に一定の役割を果たしたことを明らかにする。国立公文書館所蔵の政府文書を調査し、これまで学校史等において僅かながらに記述されていた視学委員による私立医歯薬系専門学校の無試験免許指定審査の実態を体系的に捉える。また、戦中期における思想統制手段としての視学委員制度の実態について言及する。
　第2章では、戦後日本における視学委員制度の展開について取り上げる。具体的には、①占領下の視学委員制度運用期と②1955年文部省視学委員規程制定以降の視学委員制度拡充期を中心に考察を行う。前者においては、GHQによる学制改革が進められる中で、高等教育における視学委員が、戦前期から引き続き、医学、歯科医学、薬学、獣医学の分野において一定の役割を担い、専門学校の大学昇格に係る実地視察や専門教育の振興充実に貢献した実態を明らかにする。後者においては、1955年の文部省視学委員規程（文部大臣裁定）の制定以降、翌1956年の大学設置基準省令化前後を経て、視学委員制度の整備充実が図られ、従前の医学、歯科医学、薬学、獣医学以外の分野においても視学委員が配置・増員されていった実態と時代的背景を明らかにする。
　第3章では、③1980年代の臨時教育審議会を契機とした視学委員制度再考期について論じる。1986年の臨時教育審議会第二次答申を契機として、大学評価の必要性が本格的に求められ始め、大学基準協会のあり方が問われるようになった。具体的には、本格的なアクレディテーションの実施を促した当該答申において大学基準協会への期待が強く示された中で、大学基準協

会内での検討過程において、アクレディテーションと類似した機能として文部省視学委員制度との関係性が大きな議論の的となった。この事柄は、戦後期の高等教育が質保証、アクレディテーション、大学評価といった要素に関する認識が希薄であったことを象徴していた。

　第4章では、④1991年大学設置基準大綱化以降の視学委員制度弾力的運用期の制度の実態について、実地視察・指導助言・改善充実要望事項に対する履行状況の3点を中心に政府関係資料を辿りながら詳述する。実地視察の実態においては1991年の大学設置基準大綱化以降の実地視察件数の推移や実地視察に必要な実状調査表の調査項目の変化を、指導助言の実態においては大綱化以降の指導助言の観点の変化や文書指導の実績などを取り上げるとともに、改善充実要望事項に対する履行状況把握の仕組みについて明らかにする。また、実地視察受審大学のケーススタディや視学委員経験者へのインタビュー調査を通して、視学委員実地視察が当該大学の組織運営に与えた影響や視学委員自身の指導助言に関する観点などを中心に、視学委員制度の実際を明らかにする。

　第5章では、2000年以降の視学委員制度から認証評価制度への転換期について、日本の高等教育における第三者評価制度の導入の流れの中での視学委員制度の機能停止とその後の質保証システムの構築について考察を行いたい。2000年前後からの規制改革の流れを受けて、日本の高等教育における質保証システムも大きな制度変革を求められた。いわゆる「事前規制から事後チェックへ」という方針のもと、設置認可の緩和とともに、新たな第三者評価制度（認証評価制度）の導入が2004年に行われることとなり、これを契機に視学委員制度が機能停止の状態に陥ることとなった。その後、2008年以降において、中央教育審議会大学分科会では「設置基準」「設置認可審査」「認証評価」といった公的な質保証システムの個別事項と相互関連性について課題整理が行われている。この議論の過程において「視学委員制度の復活」が言及されたことにも着目しながら、質保証システムの現状について考察する。

終章では、それぞれの章で得た知見をもとに、日本の高等教育における質保証装置として一定の機能を果たしてきた視学委員制度の位置付けを改めて明確化する。戦前期・戦後期にかけて、日本の高等教育は、設置基準や設置認可行政のほか、資格試験制度や入学試験制度をもってその水準を維持してきた。これら諸制度を補完するように、視学委員制度は、戦前期の私立医歯薬系専門学校の無試験免許審査から戦後期の各分野別の指導助言へと対象を広げながら、制度的充実が図られた。設置認可後の質保証に係る認識が希薄な時代にあって視学委員制度が果した機能は、少なからぬ限界をもっていたにしても、決して無視できないことを結論として論じたい。また最後に、本研究を通して残された研究課題についても言及する。

注
1　戦間期とは、第一次世界大戦が終了した1918年から第二次世界大戦が始まった1939年までの期間を指す。

第 1 章　戦前における視学委員制度

　本章では、戦前日本高等教育における質保証システムを概観しながら、視学委員制度が果たした役割や機能について考察を行う。
　1872年の学制発布以降の視学制度の沿革を押さえながら、視学委員制度が大正・昭和期において私立医歯薬系専門学校の無試験免許指定審査に一定の役割を果たしたことを明らかにする。国立公文書館所蔵の政府文書を調査し、これまで学校史等において僅かながらに記述されていた視学委員による私立医歯薬系専門学校の無試験免許指定審査の実態を体系的に捉える。具体的には、戦前期の高等教育における視学委員制度の機能として、私立医歯薬系専門学校の無試験免許指定審査における実地視察や生徒試験の実施を担っていた実態を明らかにし、私立医歯薬系専門学校の無試験免許指定制度について体系的に整理し、その全体像を把握する。加えて、大正後期から昭和初期にかけての私立医学専門学校を中心とした指定審査過程の厳格化について明らかにするほか、同時期における私立医歯薬系専門学校の量的拡大や営利主義的学校経営の顕在化に着目しながら、「インチキ学校征伐」へと社会問題化していく中での統制機能としての視学委員の役割も明確にする。
　最後に、戦中期の視学委員制度の運用についても言及し、私立医

歯薬系専門学校の無試験免許指定審査に係る機能を担う一方、軍部による思想統制手段という異なった機能を担った事実についても明らかにする。

第1節　戦前における高等教育の質保証システム

　戦前における高等教育の質保証システムは設置認可及び監督の権限が文部大臣に集中し、高等教育機関に関する基準は勅令や省令の形で規定されていた。戦後における高等教育機関の自主性に委ねるといった余地はなく、官僚主義的な管理運営が行われた。

　天野（1977:99）は、戦前期における設置認可制度の形成過程について、「官立の場合にはヨーロッパ諸国のそれに近いチャータリング方式をとったが、私立については簡易な基準による認可を前提に『適格判定』を行うアメリカ流のアクレディテーション方式が適用されるという二元的な制度のもとに行われた。ただ、『適格判定』の実施主体は、アメリカのように自発的に結成された団体ではなく、国家が直接これを行うという形をとり、やがて設置認可の権限が国家に移るとともにこの二つは統合され、設置認可が同時に適格判定行為としての性格をもつようになった」としているが、あくまで設置形態が適格なだけであって、教育研究内容が適格であるという保証が戦前期のシステムにおいて担保されていたかについては疑問である。

　帝国大学や官立専門学校といった官立高等教育機関は官制により規定されていること自体が適格判定の証であったが、私立高等教育機関にとっては、大学令制定以降の大学設置は別として、チャータリングとしての設置認可の権威は弱く、資格制度等に関する適格判定を受けることがステータスの確保や教育の質保証に結び付いていた。中等教員無試験検定制度や医師・歯科医師・薬剤師無試験免許指定制度はその代表例であり、特に後者の制度では、私立医歯薬系専門学校の無試験免許指定審査に文部省視学委員が関与していた。

　次節以降において、戦前における視学委員制度の具体的な機能や実態について、実証的に考察する。

第2節　無試験免許指定制度と文部省視学委員

　戦前における視学委員制度については、初等中等教育関連の機能のみと思われがちであるが、高等教育関連の機能について注視しておく必要がある。序章でも多少触れたが、昭和初期の新聞記事を調査すると、視学委員の活動内容を報じたものが多数判明する。1929年12月22日の『東京朝日新聞』には、主として私立医科大学、医学専門学校等に対する技術的方面の視学機関を充実させるために文部省学術学務局に視学委員を設け、初会合を開いた旨の記事が見られる。その後、1933年2月1日の『讀賣新聞』には、「断乎、私学へも干渉　学園改新のメス」との大見出しで、医学、歯学、薬学に係る視学委員を増員し、従来不干渉であった私学に対しても厳しい指導を行う旨の報道がなされている。

> 　文部省では去る昭和五年十二月初めて視学委員制度を設けて東大の林春雄博士以下八名の学者を委員に委嘱し医、薬、歯科各学校の臨検調査や国家試験を行う一方、例のインチキ学校征伐の大鉈を揮って学校當局や学生を撼へあがらしたがこんどは卅日の予算復活要求で獲得した三万七千円の經費をもつて更に十数名の視学委員を増員して医、薬、歯科各学校のほか私学を中心に専門学校、実業専門学校、高等学校並に大学など高等諸学校全般にわたり爽快のメスを揮って学園の革新を断行すべく近く協議のうへ各大学並に専門学校教授中から専門学者をそれぞれ委嘱することになつた
>
> 　　　　　　　　　　　　　　　　　　　　　　　　（讀賣新聞1933）

　上記の記事などから、医学以外に、歯科医学や薬学の分野において視学委員が委嘱され、大学や専門学校の教育内容の是正に権限を奮う状況が窺える。国立公文書館所蔵の私立医歯薬系専門学校(私立大学専門部を含む)の無試験

免許指定申請関係書類に拠り、個々の指定審査過程を調査すると、文部省の督学官、視学委員又は吏員が実地視察を行った上で、指定認可を行っていたことが判明する[1]。

当時の督学官や視学委員の任務、権限等の根拠規定は、1914年制定の「文部省督学官及び文部省視学委員学事視察規程」であった。同規程において、督学官は「教育行政ノ状況、学校教育ノ状況、学校衛生ノ状況、学校経済ノ状況、学校関係職員執務ノ状況、通俗教育其ノ他教育学芸ニ関スル諸施設」について視察し、視察中に緊急処理を要すると認められた事項に対して文部大臣に具申することが義務付けられ、法令や省議決定事項に反する事項や教授方法等について関係者に情報提供することが規定されているほか、必要に応じて生徒児童への学力試験を行う権限が付与されていた。視学委員については、「文部大臣ノ命ヲ承ケ特ニ指示セラレタル学事ヲ観察」することが任務とされ、緊急時の文部大臣への具申や生徒児童への学力試験の実施について、督学官に準じた権限が与えられていた。督学官は文部大臣の補助機関として学事の視察監督を掌る専任官職であったが、特別な学事について詳細な専門的観察及び指導を行うことが困難なことから、督学官の職務を補充する目的で視学委員が大学又は直轄諸学校の教官の中から委嘱されていた[2]。

国立公文書館所蔵の無試験免許指定申請関係書類が1924年以降しか現存していないという制約があるが、入手できる限りの資料に拠れば、1908年の文部省視学官及び文部省視学委員職務規程制定以降、高等教育における視学委員制度が運用されていたことが判明する。そのことは、戦前期の高等教育における視学委員制度の機能を明確に規定したものとして、「私立薬学専門学校指定規則」(1910年7月1日文部省令第19号)第6条に「文部大臣ハ文部省視学委員若クハ其ノ他ノ吏員ヲシテ試験ニ立会ハシムルコトアルヘシ　前項立会員ニ於テ必要ト認ムルトキハ自ラ試験ヲ行ヒ又ハ試験問題、試験方法若クハ採点方法ヲ変更セシムルコトアルヘシ」という規定のほか、「私立獣医学専門学校指定規則」(1932年12月27日文部令第19号)第6条に同様の規定が見られることからも言えるであろう。

本節では、上記のような事実を詳細に考察し、文部省視学委員が私立医歯薬系専門学校の無試験免許指定制度に果たした役割や機能について明らかにしていきたい。国立公文書館所蔵の文部省関係文書、医学系・教育系雑誌、学校史、回顧録・日記等に依拠しながら、実証的に考察する。まず、私立医歯薬系専門学校を対象とした無試験免許指定制度について概観し、次に、大正後期から昭和初期にかけての無試験免許指定審査過程の変化（厳格化）について明らかにする。最後に、無試験免許指定審査の厳格化の要因となった私立医歯薬系専門学校を取り巻く社会的状況について考察する。これらの考察を通して、私立医歯薬系専門学校の無試験免許指定審査に果たした視学委員制度の機能を浮き彫りにする。

(1) 適格判定としての無試験免許指定制度

まず、戦前期における私立専門学校の設置認可制度について簡単に触れておきたい。

私立専門学校の設置認可要件として、1903年に「専門学校令」及び「公立私立専門学校規程」が制定され、専門学校令第4条「公立又ハ私立ノ専門学校ノ設置廃止ハ文部大臣ノ認可ヲ受クヘシ」に基づき、具体的な申請要件が公立私立専門学校規程に規定された。この時期の私立専門学校の設置認可制度は、「私立専門学校の現実の水準を追認し、高等教育機関として法的承認をえるための最低基準」（天野1977：80）に過ぎなかったといえる。私立専門学校の設置認可要件が「専門学校令」や「公立私立専門学校規程」において一律に規定されたのとは別に、医師・歯科医師・薬剤師、中等学校教員といった専門職を養成する高等教育機関としての質保証が国家資格に係る指定学校、許可学校という制度的枠組でもって担保されていた。

また、専門職を養成する私立医歯薬系専門学校に対しては、設置認可制度とともに、無試験免許指定制度が適格判定として機能していた。天野（1977：87）が戦前期の高等教育機関について「『設立認可』行為とは別途に、政府は専門的職業の資格試験制、官僚任用制、さらには徴兵制などの運用を通じて、

次第に公私立高等教育機関の質の改善と平準化をはかりつつあった」と指摘している。

医師・歯科医師・薬剤師に係る無試験免許の特典は、従来、官公立学校に限られていたが、医師・歯科医師免許については、1900年前後の医術開業試験の廃止論議を経て、1906年の医師法及び歯科医師法の制定により、文部大臣の指定を受けた私立専門学校の卒業者に無試験による免許付与が可能となった。次いで、薬剤師免許については、医師・歯科医師免許にやや遅れて、1910年の薬品営業並薬品取扱規則の改正により、私立薬学専門学校に対する無試験免許指定制度が採られるようになった[3]。これら関係法令の整備とともに、私立医学専門学校指定規則(明治38年7月1日文部省令第12号)、公立私立歯科医学校指定規則(明治39年10月30日文部省令第17号)、私立薬学専門学校指定規則(明治43年7月1日文部省令第19号)がそれぞれ制定された。

私立医学専門学校を例にして、設置認可及び無試験免許指定に係る申請項目及び要件を**表1-1**により比較すると、無試験免許指定に係る要件において、指定申請時期が学則実施後2年以降となっているほか、必修学科目、実習用患者数、実習用解剖死体数などの教育課程上の詳細な条件が課せられていることが分かる。

戦間期までの私立医歯薬系専門学校の設置及び無試験免許指定の状況について整理すると、**表1-2**のとおりである。設置認可後2、3年を経て無試験免許指定を得ることが一般的であったが、日本医学専門学校、東京女子医学専門学校のように、設置認可後相当年数を経て指定認可を受ける学校もあった[4]。東京女子医学専門学校の事例などを見ると、無試験免許指定申請自体が文部省の打診や内諾を経て行われていたと考えられ、申請することが適えば、指定認可が認められないということは管見の限り見受けられなかった。ただし、後述するように、指定審査そのものは時代を追うごとに厳しさを増すこととなった。

1918年創立の東京医学専門学校では、無試験免許指定以前の卒業生が無試験免許指定資格で医師になることを念願して医術開業試験を受けることに

表1-1 私立医学専門学校に係る設置認可申請及び無試験免許指定申請比較表

設置認可申請項目及び要件 (公立私立専門学校規程(明治36年3月31日文部省令第13号))	無試験免許指定申請項目及び要件 (私立医学専門学校指定規則(明治38年7月1日文部省令第12号))
申請項目(同規程第1条より抜粋) 一 目的 二 名称 三 位置 四 学則 五 生徒定員 六 敷地建物ノ図面及其ノ所有ノ区別 七 開校年月 八 経費及維持ノ方法 九 設立者ノ履歴 ※ 医学専門学校ニ就キテハ臨床実習用病院ノ位置、敷地建物ノ図面、臨床実習用患者ノ定員及解剖用死体ノ予定数ヲ具スヘシ	申請項目(同規則第1条より抜粋) 一 現在生徒ノ学年及学級別人員 二 卒業生ノ人数及卒業後ノ情況 三 教員ノ氏名、資格、担当学科目及専任兼任ノ区別 四 教授用並実験及実習用ノ器具、器械、標本及模型目録 五 実習用患者ノ入院外来別現在人員並最近一箇年間各月ニ於ケル入院外来新来再来別日々平均人員 六 実習用解剖死体ノ最近一箇年間実数
認可要件(同規程第3条、4条、5条、7条より抜粋) ○ 校地ハ学校ノ規模ニ適応セル面積ヲ有シ且道徳上及衛生上害ナキ所タルヘシ ○ 校舎ニハ左ノ諸室ヲ備フヘシ 一 教室 二 事務室 三 其ノ他必要ナル実験室、実習室、研究室、図書室、器械室、標本室、薬品室、製煉室等ノ諸室校舎ハ教授上管理上並衛生上適当ニシテ堅牢ナルコトヲ要ス ○ 校具ハ教授上必要ナル図書、器械、標本、模型等トス ○ 専門学校ノ教員タルコトヲ得ヘキ者左ノ如シ 一 学位ヲ有スル者 二 帝国大学分科大学(元東京大学各部、元札幌農学校ヲ含ム)卒業者又ハ東京高等商業学校(元高等商業学校ヲ含ム)卒業者ニシテ学士ト称スルコトヲ得ル者 三 文部大臣ノ指定シタル者 四 文部大臣ノ認可シタル者	指定要件(同規則第2条より抜粋) 一 生徒ノ定員ニ対シ相当ナル校地、校舎、校具、病院其ノ他ノ設備アルコト 二 必修学科目トシテ少クトモ解剖学(実習共)、生理学、病理学、薬物学、内科学(臨床講義共)、外科学(臨床講義共)、眼科学(臨床講義共)、産科学婦人科学(臨床講義共)、衛生学細菌学、法医学ヲ教授シ修業年限四箇年以上ナルコト 三 前号各学科目毎ニ少クトモ公立私立専門学校規程第七條第一項ノ資格ヲ有スル教員一人ヲ採用セルコト 四 専門学校トシテ認可ヲ受ケタル学則ヲ実施シタル後二箇年ヲ経過シタルコト 五 実習用患者ノ数ハ毎学年ノ平均生徒数(本科生別科生共)百人以内ノ学校ニ於テハ入院患者二十五人以上外来患者三十人以上トシ以上生徒十人ヲ増ス毎ニ入院患者外来患者二人ヲ増スコト 六 実習用解剖死体ノ数、毎学年ノ平均生徒数(本科生別科生共)百人以内ノ学校ニ於テハ毎年二十体以上トシ以上生徒十人ヲ増ス毎ニ一体ヲ増スコト

出典:「公立私立専門学校規程」及び「私立医学専門学校指定規則」の該当条項をもとに作成。

表1-2　私立医歯薬系専門学校の設置及び無試験免許指定状況一覧

設置年	医　学	歯　学	薬　学
1903（明治36）年	東京慈恵医院医専 ※1905（明治38）.10指定		
1904（明治37）年	熊本医専 ※1906（明治39）.6指定		
1907（明治40）年		東京歯科医専 ※1910（明治43）.2指定	
1909（明治42）年		日本歯科医専 ※1910（明治43）.6指定	
1912（明治45）年	日本医専 ※1919（大正8）.8指定 東京女子医専 ※1920（大正9）.3指定		
1917（大正6）年		大阪歯科医専 ※1920（大正9）.3指定	東京薬専 ※1920（大正9）.3指定 大阪薬専 ※1920（大正9）.3指定
1918（大正7）年	東京医専 ※1920（大正9）.4指定		
1919（大正8）年			京都薬専 ※1922（大正11）.2指定
1921（大正10）年		九州歯科医専 ※1925（大正14）.8指定 東洋女子歯科医専 ※1926（大正15）.11指定	
1922（大正11）年		日本大専門部歯科 ※1924（大正13）.8指定 日本女子歯科医専 ※1927（昭和2）.3指定	
1923（大正12）年			明治薬専 ※1926（大正15）.2指定
1925（大正14）年	日本大専門部医学科 ※1929（昭和4）.2指定 帝国女子医薬専 ※1930（昭和5）.2指定		帝国女子薬専 ※1927（昭和2）.11指定 帝国女子医薬専薬学科 ※1930（昭和5）.12指定
1927（昭和2）年	大阪高等医専 ※1932（昭和7）.3指定		
1928（昭和3）年	昭和医専 岩手医専 九州医専 ※いずれも1932（昭和7）.3指定 大阪女子高等医専 ※1933（昭和8）.3指定		
1930（昭和5）年			昭和女子薬専 ※1933（昭和8）.3指定 東京女子薬専 ※1933（昭和8）.4指定 共立女子薬専 ※1934（昭和9）.11指定
1931（昭和6）年			東京薬専女子部 ※1933（昭和8）.3指定
1932（昭和7）年			神戸女子薬専 ※1935（昭和11）.2指定

出典：天野（1989）表6－10及び官報（1905－1935）により作成（なお、本表においては、外地に設置されたセブランス聯合医学専門学校、京城歯科医学専門学校、京城薬学専門学校を除く）。

興味を持たず、母校の指定獲得を待ち、「東京医学専門学校創立認可は厳密に言えば名義上の創立とも言うべき状態で、本来の目的は指定獲得にあり、指定を得てはじめて医学専門学校創立と言えると学生達は考えていた」（東京医科大学1971：92）とあるように、各専門学校は無試験免許指定を重要な存立要件として、指定獲得に向けて最大限の尽力を注いだ。

(2) 視学委員による無試験免許指定審査過程の実態

ここでは、国立公文書館所蔵の無試験免許指定申請関係書類、学校史、回顧録・日記等に拠りながら、視学委員による無試験免許指定審査過程の実態を明らかにする。国立公文書館所蔵の無試験免許指定申請関係書類が1924年以降しか現存していないという制約があるが、学校史、回顧録・日記等によって補うこととし、戦間期の前半に当たる大正後期と戦間期の後半に当たる昭和初期に区分し、指定審査過程の実態と変化について考察する。

①大正後期における無試験免許指定審査

私立医歯薬系専門学校の無試験免許指定審査における文部省視学委員の関与については、戦前戦後にわたって歯科医学分野の視学委員を務め、東京高等歯科医学校教授から後に東京医科歯科大学初代学長となった長尾優が、「戦前には専門学校が指定権（卒業生に無試験開業を許す制度）を得る時の活動が中心をなしていたように思うし、戦後は専門学校から旧制の大学へ昇格する際に学事施設を調査し、改善を必要とする場合はそれを求めるよう勧告もしていた」（長尾1966:91）と、戦前期における視学委員の主な役割を無試験免許指定審査にあったと指摘している。

表1-2でも明らかなように、大正後期において歯科医学専門学校の指定申請（文部省1924－1933）が相次ぎ、その間の指定審査に当たる視学委員は、長尾優と島峯徹が務めた。島峯は、文部省歯科医術開業試験附属病院長を務めており、1928年に初の官立歯科医学校として創設された東京高等歯科医学校の初代校長となった人物である。長尾（1968：203）は、島峯の視学委員と

しての姿勢について以下のように言及している。学問分野の草創期にあって、視学委員自らが歯科医学の質向上のために学校経営者や教員スタッフの改善充実を行っていた実態が窺える[5]。

　　これから指定を受ける学校を、せめて既に指定校となっている先輩校のレベルまで引きあげてゆかねばならぬ、との念願であったようだ。そこでまず第一に、学校の経営者即ち理事団に向い、建物は勿論、内部施設の改善を要求し、もし財政的にできぬ者には、気の毒だが退陣して貰うという方針で進んだ。そして次を引きうける理事団まで、探し求めるというやり方をとった。先生はまた人の面、即ち教官陣の強化を強く要望し、理事の手によって集められる者は、それを審査して許し、集め得ない場合は、自ら選択して補充していった。そのため自分の手持ちの有能な医員を、片っぱしから提供する結果となった（長尾1968：203）。

　文部省視学委員は、無試験免許指定審査だけではなく、指定を受けた学校の卒業試験に対する試験監督を行っていた。日本歯科医学専門学校の例を挙げると、「卒業試験当日は文部省から視学委員が来校して試験を監督するばかりでなく、時には本校教授の作った卒業試験問題を変更することもあり受験生のみならず学校当局の心痛も甚しいものであった。その後この干渉も次第に薄らぎ、大正5年以後は全く無干渉となったが、その後又昭和7年から卒業試験科目中1、2科目を選んで文部省が試験する様になった」（日本歯科大学1971：29）とあり、大正後期には文部省による関与が一時的に弱まったことが読み取れる。

　大正後期における無試験免許指定審査は、文部省の督学官、視学委員又は吏員による実地視察を通した各種指導が主であり、これらのいわゆる行政的指導に従う形で指定認可が下されていた。

②昭和初期における無試験免許指定審査

　昭和初期になると、医学分野における視学委員の新設や指定審査における生徒試験の実施など、無試験免許指定審査自体が厳格化することとなる。

　表1-2のとおり、私立歯科医学専門学校には新たな指定申請がなく、私立医学専門学校及び私立薬学専門学校における指定審査が考察の対象となる。特に、私立医学専門学校における指定審査では、新たに任命された医学分野の視学委員が大きく関与し、そのことは新聞、雑誌等にも取り上げられ、社会的にも注目を浴びた。以下においては、私立医学専門学校を中心に考察を進めたい。

　1918年の高等諸学校創設及拡張計画において、新潟、岡山、千葉、金沢、長崎の官立医学専門学校が相次いで官立医科大学に昇格し、医学教育は大学において統一的に行うべきとする「医育一元化」の方向が強まる傾向にあったが、昭和初期に至ると、政府内部や開業医等からの圧力により、医師養成機関としての専門学校の必要性が求められ、表1-2に示すとおり、私立医学専門学校が急増する[6]。設置認可された私立医学専門学校以外にも、全国各地から設置認可申請が後を絶たず、私立医学専門学校濫設の様相を帯びた。

　1928年1月4日の『讀賣新聞』では、「筍のように出来る各地の医専　既に3医専は認可　あと3か所から申請」との見出しで以下のように報じている。

　　　不景気でも金はどっさり儲かるおまけに博士には苦もなくなれるこんな結構な商売はないと思うたのか最近医学専門学校設立の計画が方々で行われ世の視聴を集めている先ず三田俊次郎翁の盛岡医専、伊藤祐彦博士の久留米医専、岡田和一郎博士の昭和医専の三校は既に設立認可申請を文部省に提出中で近く認可の指令があるはずである
　　　此の外浦和医専、福岡女子医専、横浜医専等は目下書類調整中であるというから来春四月には六七校の医専が一時に開校せらるる事になろう
　　（讀賣新聞1928a）

更にこの時期の新聞記事を辿っていくと、同年10月20日の『讀賣新聞』が「医専乱造の裏側に地価つり上げの魂胆　文部省の態度硬化す」との見出しで、久留米医専、盛岡医専、昭和医専、大阪女子医専の4校までが文部省の認可を受けるに至るが、地価引き上げを目的とした不純な動機から学校設立を計画する者がいるとの理由で、それ以外の医専設立計画は中止となったと報じている（讀賣新聞1928b）。
　このような私立医学専門学校の濫設問題について、髙梨（1940：620）は、「偶々小橋一太氏の文部大臣時代此の問題に多くの理解を有し、常にその弊害を指摘していた医海時報社長田中義一氏の熱心なる運動が効を奏し、文相は遂に政党その他の牽制を受けざる学界最高の威力を籍りて、此の混乱を統制するの外無きを痛感」し、我が国医界の元老ともいうべき5名の視学委員を委嘱したとしている。1929年12月13日付けで視学委員に任命されたのは、東京帝大名誉教授の入澤達吉、東京帝大医学部教授の林春雄、長與又郎、京都帝大名誉教授の森島庫太、元大阪医科大学長の佐多愛彦であった。このうち、長與は自らの日記に、同年12月21日に文部省で開催された第一回協議会についてメモを残し、医学専門学校について「当分は新設はせぬ方針、指定は従来放漫なりしを厳重にすることとせり」（小高編2001：246）と記しており、私立医学専門学校濫設の傾向に歯止めを掛け、無試験免許指定についても、視学委員によって厳格な審査を行う方針が打ち出された。
　翌1930年1月28日に開催された第二回協議会の模様が、医事公論（1930）に写真付きで掲載されており、各委員が視察した医科大学、医学専門学校に対する意見や今後の方針などが話し合われた。併せて、帝国女子医学薬学専門学校（以下「帝国女子医専」という）の無試験免許指定についても審議了承された。国立公文書館所蔵の帝国女子医専の指定申請関係文書には視学委員5名の復命書が残されており、「他ノ同種ノ医学専門学校ニ比シ何等遜色ナク寧ロ佳良ナルモノノ如ク此際私立医学専門学校指定規則ニ拠リ指定シ不可ナキモノト認ム」（文省1929－1930）という簡潔なものであった。
　しかし、帝国女子医専の指定以降、岩手医学専門学校、昭和医学専門学校、

大阪高等医学専門学校、九州医学専門学校、大阪女子高等医学専門学校(以下「岩手医専」「昭和医専」「大阪高等医専」「九州医専」「大阪女子高等医専」という)の無試験免許指定において、視学委員による実地視察、生徒試験の実施や数回の協議会における他校との比較分析を通した厳格な指定審査が行われるようになった。

　文部省(1932a)所収の「第三回医育ニ関スル視学委員協議会要項」には、1930年7月2日開催の同協議会資料として、岩手医専、東京医専、九州医専、東京女子医専の実地視察結果がまとめられており、東京医専には附属病院の拡張(特に伝染病舎の設置)、東京女子医専には専任教員の増員が指摘された程度であったが、岩手医専には注意事項が多く、「一　実習実験設備充分ナラザルニ付改善スルコト、二　図書不足ニ付之ガ充実ヲ図ルコト、三　標本不足ニ付之ガ充実ヲ図ルコト、四　解剖屍体不足ニ付其補充ニ関シ適当ナル計画ヲ樹ツルコト、五　臨床講義ノ方法拙ナリ、六　今年迄入学者ハ常ニ定員ヲ遥ニ超過セル故注意ノコト、来年再ビ定員以上ノ入学者アルトキハ来々年度ヨリハ定員減少ノ途ニ出ルコト」の6項目について改善事項指示が行われている。

　同じく文部省(1932a)に拠れば、上記の改善事項指示を受けて、岩手医専は翌1931年6月20日付けで、三田俊次郎校長名で改善実施状況の答申を行っている。しかし、文部省において、当該改善事項指示への対応が不十分として、同年10月13日付けで再度改善事項の指示を行っている。同時期に、岩手医専だけでなく、同じく指定申請中の昭和医専、大阪高等医専、九州医専に対しても改善事項の指示が行われている。**表1-3**のとおり、四医専に対する改善事項指示は主に私立医学専門学校指定規則に規定する指定要件に基づいたものであった。さらに、小高編(2001：249)に拠れば、同年12月1日に協議会が開催され、「主として九州、昭和、岩手、大阪の四医専に就て、各委員の視察に基づき、改良すべき諸点を注意し条項分けをして、各校に夫々適切なる警告を発することとす」とあり、先に行われた改善事項指示の徹底が図られた。

表1-3 四医専（岩手医専・昭和医専・大阪高等医専・九州医専）に対する改善事項指示事項

学校名等	改善事項指示の具体的内容
岩手医学専門学校 改善事項指示 1931（昭和6）年10月13日	一　昭和五年七月専門学務局長ヨリ指示セラレタル注意事項ハ今猶ホ充分ニ貫徹セラレタリトハ認メ難キニ付更ニ一層ノ努力ヲ要シ殊ニ図書ノ不足及標本ノ不備ハ速ニ其ノ充実ヲ図ルコト尚図書ニ生徒閲覧用参考書同種ノモノヲ数部ヅヽ備付クルコト 二　基礎学科ニ属スル教室ノ設備ハ教授室及教授実験室、研究員実験室、生徒実習室、標本室等逐次之ヲ完整シ、又一学科ニ属スル設備ハ可成之ヲ集メ講堂及解剖室等モ之ヲ接近セシメ以テ学習ノ便宜ヲ図ルコト 三　臨床学科ニ属スル施設ハ新築ノ完成ト共ニ一層改善シ各科ニ実験設備ヲナスコト 四　分娩数ハ年100以上タルコト 五　財団法人岩手病院ハ予定通之ヲ財団法人岩手医学専門学校ニ合併シ経営上支障ナキヲ期スルコト 六　聴講生ハ将来之ヲ収容セサルコト
昭和医学専門学校 改善事項指示 1931（昭和6）年10月9日	一　図書不充分ナルニ付一層之ヲ充実セシメ特ニ生徒閲覧用参考書同種ノモノヲ数部ヅヽ備付クルコト 二　臨床講義及病理解剖ノ数ヲ増加シ其ノ教授ヲ一層徹底セシムルコト
大阪高等医学専門学校 改善事項指示 1931（昭和6）年10月8日	一　定員以上ニ生徒ヲ入学セシメザルコト 二　病理、生理及び薬理ノ教授用器械器具及標本不充分ナルニ付之ヲ充実スルコト 三　図書不充分ナルニ付一層之ヲ充実シ特ニ生徒閲覧用参考書同種ノモノヲ数部ヅヽ備付クルコト 四　附属病院ノ患者ハ入院外来共ニ著シク不足ナルニ付之ガ吸収策ヲ至急講ズルコト 五　外来ノ臨床学用患者ハ日々六十人以上タルコト 六　分娩数甚シク不足ナルニ付之ヲ増加シ年百名以上トナルコト、フアントーム十台以上ヲ備付クルコト 七　確実ナル負債償還方法ヲ講ジ且基本金造成ノ計画ヲ樹ツルコト
九州医学専門学校 改善事項指示 1931（昭和6）年10月12日	一　図書不充分ナルニ付一層之ヲ充実セシメ特ニ生徒閲覧用参考書同種ノモノヲ数部ヅヽ備付クルコト 二　外来患者ノ生徒臨床実習施設ヲナシ速ニ之ヲ実施スルコト、外来学用患者ノ数ハ日々六十人以上タルコト 三　病理解剖数不足ナルニ付之ヲ増加シ病理ニ関スル標本ヲ一層充実スルコト

出典：文部省（1932a）所収「指定申請四校ニ対スル改善指示要項並ニ其ノ実施程度及試験成績表」（第六回視学委員協議会提出資料）より作成。

文部省は、視学委員の実地視察による改善事項指示のほか、生徒試験（在学生に対する実力検査試験）を課して、その成績についても指定審査の判定材料にした。生徒試験は視学委員によって実施され、その権限は既述の「文部省督学官及び文部省視学委員学事視察規程」に基づくものであった。日本医事新報（1931）に拠れば、1931年11月6日に文部省当局が突如として、指定申請中の岩手医専、昭和医専、大阪高等医専、九州医専のほか、既に指定を受けている東京医専、日本医専、東京女子医専、帝国女子医専にも生徒試験を課したため、既得権である無試験免許指定校としての資格が侵害される恐れがあるとの動揺が生じた。同掲載記事には「著しく不成績の学校は指定保留」との見出しも躍ったが、既に指定を受けている学校に対して生徒試験を課した背景には、無試験免許指定に対して文部省側が「慎重の態度を以て臨む必要ある」（日本医事新報1931）との認識があったためであるが、現実には既得権を剥奪するような事態には至らなかった。指定申請中の四医専についても指定認可が下りるかどうか、緊迫した状況が続いたが、翌1932年3月25日付けで共に指定を受けることとなった。

　当該学校側にとっても指定を受けるまでの道程は厳しく、例えば、岩手医専では、無試験免許指定が危ぶまれる事態に学内設備等の整備充実を学校経営陣に要求した学生ストライキの顛末、その後の指定認可した際の市民を巻き込んだ歓喜の状況が詳細に綴られている（岩手医科大学1968：79-88）。なお、上記の四医専と1年遅れで1933年3月に指定認可を受ける大阪女子高等医専においても同様に、指定審査において実施視察のほか、生徒試験が行われたことが文部省（1932b）に拠って確認できる。

　私立薬学専門学校においても、国立公文書館所蔵の無試験免許指定申請書類（文部省1926-1948）を調査すると、1933年指定の昭和女子薬学専門学校以降では、生徒試験の実施や指定済学校との比較分析が行われており、私立医学専門学校と同様に、指定審査の厳格化が見られる。これに関連して、私立薬学専門学校指定規則が1930年6月21日付けで改正され、第6条において視学委員の権限を明記し、「文部大臣ハ文部省視学委員若クハ其ノ他ノ吏員

ヲシテ試験ニ立会ハシムルコトアルヘシ前項立会員ニ於テ必要ト認ムルトキハ自ラ試験ヲ行ヒ又ハ試験問題、試験方法若クハ採点方法ヲ変更セシムルコトアルヘシ」と規定された[7]。

以上のように、昭和初期において、医学分野の視学委員が新設されたことに伴い、無試験免許指定審査体制が強化されとともに、当該指定審査過程においても、視学委員による実地視察のほか、生徒試験が実施されるようになり、指定審査そのものが厳格化した。また、視学委員による指定審査の厳格化は当事者である学校側にも大きな動揺を与え、学生ストライキなどの動きを生じさせた。

(3) 私立医歯薬系専門学校を取り巻く社会的状況

ここでは、視学委員による無試験免許指定審査の厳格化の要因となった私立医歯薬系専門学校を取り巻く社会的状況について考察する。具体的には、私立医歯薬系専門学校の量的拡大や営利企業的学校経営の顕在化に伴う諸問題について言及する。

専門職養成機関である私立医歯薬系専門学校の量的規模については、**表1-4**に示すとおり、私立医歯薬系専門学校卒業者が1920年の1,141人から1935年の3,376人へと拡大を続けている。また、医歯薬系高等教育機関全体における専門学校のシェアは他分野と比較して概して大きく、1920年前後の官立医専の医科大学への昇格に伴い、1920年の76.1％から1930年の63.9％へといったん減少するが、1930年頃の私立医学専門学校等の増設により、1935年には69.6％にまで回復している。医歯薬系専門学校全体における私立学校のシェアも他分野と比較して大きく、1920年の57.9％から1935年の89.1％へと増加傾向を続けている。このように、戦間期を通じて、私立医歯薬系専門学校が医師・歯科医師・薬剤師といった専門職を養成する機関として主要な役割を担っていたことが分かる。

さらに、戦間期における医師、歯科医師、薬剤師の免許取得区分の推移をまとめると図1-1～図1-3のとおりとなり、開業試験制度の廃止により、あ

表1-4 専門分野別大学・専門学校卒業者数に見る私立専門学校のシェア比較表

		医歯薬系	法商経系	理工農系	文学系	その他
1920年	大学	619人	1,127	870	192	—
	専門学校	1,971人	2,904	1,726	949	132
	私立専門学校（内数）	1,141人	2,169	415	646	132
	専門学校中私立学校シェア	57.9%	74.7	24.0	68.1	100
	大学・専門学校中専門学校シェア	76.1%	72.0	66.5	83.2	100
1925年	大学	669人	3,602	1,090	587	—
	専門学校	1,910人	4,880	2,941	2,075	554
	私立専門学校（内数）	1,609人	2,998	206	1,576	509
	専門学校中私立学校シェア	84.2%	61.4	7.0	76.0	91.9
	大学・専門学校中専門学校シェア	74.1%	57.5	73.0	77.9	100
1930年	大学	1,512人	6,330	1,714	1,314	—
	専門学校	2,679人	7,481	3,575	3,550	1,690
	私立専門学校（内数）	2,354人	5,149	155	2,818	1,504
	専門学校中私立学校シェア	87.9%	68.8	4.3	79.4	89.0
	大学・専門学校中専門学校シェア	63.9%	54.2	67.6	73.0	100
1935年	大学	1,658人	7,403	2,182	1,624	—
	専門学校	3,791人	10,285	4,273	2,848	2,724
	私立専門学校（内数）	3,376人	7,820	642	2,058	2,462
	専門学校中私立学校シェア	89.1%	76.0	15.0	72.3	90.4
	大学・専門学校中専門学校シェア	69.6%	58.1	66.2	63.7	100

出典：文部省（1915－1935）より作成。

図1-1　医師免許取得区分比較表

- ◆ 大学卒業
- ■ 専門学校卒業
- ▲ 試験及第

図1-2　歯科医師免許取得区分比較表

- ■ 専門学校卒業
- ▲ 試験及第

図1-3　薬剤師免許取得区分比較表

- ◆ 大学卒業
- ■ 専門学校卒業
- ▲ 試験及第

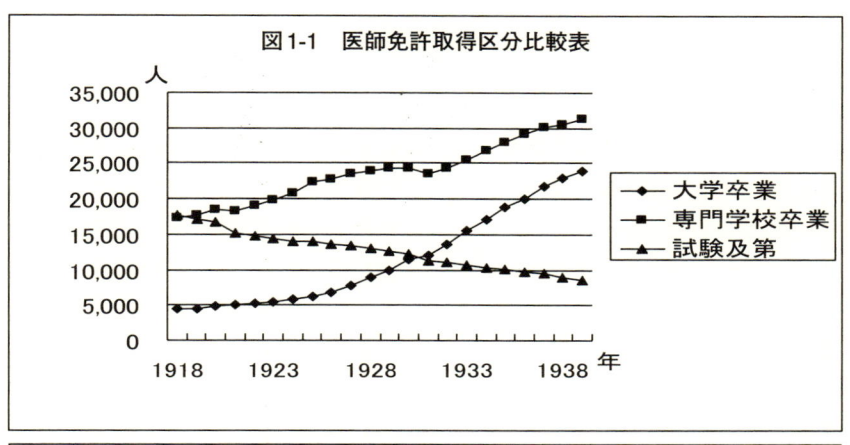

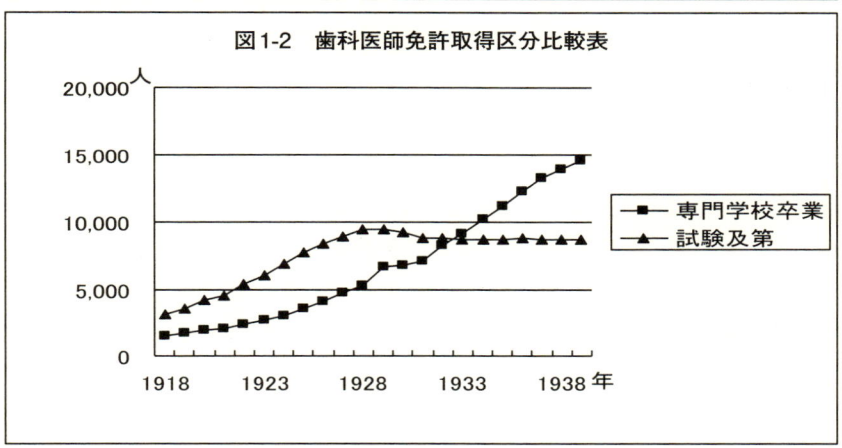

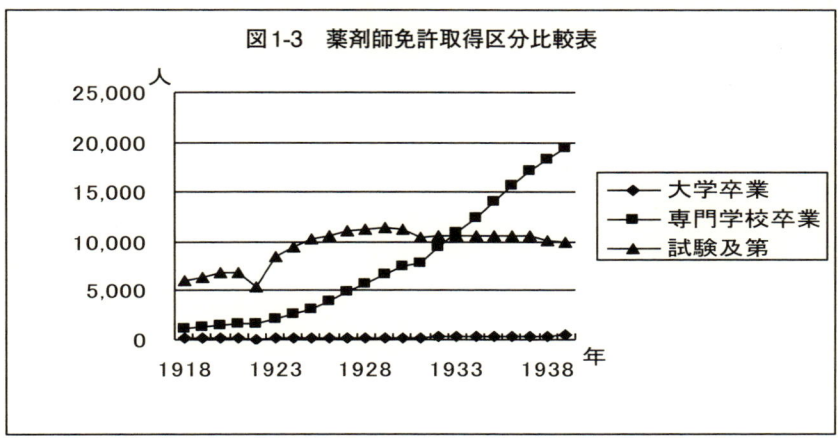

出典：厚生省医務局（1955:806-813）より作成。

る時期を境に、専門学校卒業者が多数を占める構図となり、医師、歯科医師、薬剤師の最大の供給源となっていたことが分かる。

　一方、私立医歯薬系専門学校は、経営体質や学生の質といった点において課題を抱えていた。天野(1989：312)が「学生納付金を主要な財源とする経営形態のもとでは、法商経系私学のように多数の学生を擁する大規模校へと発展するか、あるいは医歯薬系私学のように多額の授業料を徴収する以外に独立採算の途はなく」と指摘しているように、学生納付金に大きく依存した経営体質は不安定なものであった[8]。このような経営体質は授業料の引上げを誘発するとともに、いわゆる「学校商売」と称して入学料、受験手数料を不当に徴収することが横行するような事態となっていた。永井(1932)が、「此の殺人的不景気に直面して損のないボロイ商売は学校企業だけであり、その中でも『医学校を経営すれば必ず儲かる』ということが此の道の通説である。卒業さへすれば必ず医師という確実な職業を約束してくれる医学校へ、就職難時代の青年の心は駆り立てられる」と指摘しているように、私立医学専門学校を中心に営利主義的学校経営が顕在化していた。昭和初期の私立医学専門学校の濫設傾向はまさにこのような時代状況を反映したものであった。

　伊藤(1999：109)は戦間期における私学の顕著な拡大について、「政府によって政策的対応を要する『私学問題』というべきものを顕在化させていく過程」であったと指摘している。私立医歯薬系専門学校の量的拡大が進む中で、営利主義的学校経営の顕在化や不正入学の多発を招き、1932年には「インチキ学校征伐」として大きく社会問題化する。教育時論(1932)に拠れば、文部省が1932年5月12日に開かれた定例局部長会議(省議)において「インチキ医大、医薬歯専の糾弾方針」を決定し、「入学試験ノ答案ノ調査不当又ハ不十分等ニ拠リ入学ノ決定公正ナラサルモノニ付テハ之カ入学ヲ取消シ其ノ補欠トシテ本来ノ合格者ヲ入学セシメ入学ヲ公正ナラシムヘシ」として、関係大学、専門学校に対して答申書の提出を求めるとともに、不正入学者の入学取消等の厳しい対応を課した。

　長峰(1985)では糾弾方針の列挙に留まっているが、本稿では新たに国立公

文書館所蔵の関係文書に拠り、文部省が糾弾方針に従い、関係大学、専門学校に指示した実態調査の内容等を明らかにしたい。

　国立公文書館には、1932年5月の「私立ノ医科大学、医専、薬専、歯科医専調査」「省議決定事項示達」「不正入学者取消其ノ他ニ付夫々処分ヲナサシメタル答申」に関する文書（文部省1932ｃ）が残存している。本文書に拠れば、私立の医科大学、医専等の不正入学等の投書風聞に対して、文部省は実地調査を行った結果、予想以上の状況を呈していることが判明したため、糾弾方針の省議決定に加え、省議決定事項に基づく答申書の提出を指示した。関係文書によれば、省議決定事項を指示した大学、専門学校は医学系1大学・6専門学校・1専門部、歯科医学系4専門学校・1専門部、薬学系5専門学校であり、提出した答申書に基づき、**表1-5**のような厳しい対応がとられた。なお、慶応義塾大学、東京慈恵会大学、帝国女子医薬専、東洋女子歯科医専、東京女子歯科医専については調査の上、省議決定事項が指示されず、大阪女子医専、東京女子薬専、共立女子薬専、昭和女子薬専、東京薬専（女子部）については未指定のため調査対象外とされた。

　糾弾方針のうち、「一　昭和六年以前ノ入学者ニ付テハ随時本省ニ於テ学力試験ヲ行フ」については、既述の無試験免許指定における学力試験の経験を踏まえ、1933年2月末から3月初旬にかけて、全私立医歯薬専門学校の最高学年の学生を対象にした国家試験を実施するに至った。視学委員が当該国家試験の実施について関与しており、『日本医事新報』第544号等では、視学委員による会議によって当該国家試験実施が決定されたことを報じている。また、東京朝日新聞（1933）では、「学生こそ迷惑！　遂に国家試験　私立医専等にインチキの報ひ　期日と科目決る」との見出しで、試験期日や試験科目を以下のとおり報じている。

　　一　私立の医科大学に対しては国家試験を行はざること
　　一　私立の医専に対しては二月二十八日午前十時から二時間にわたって
　　　行ひ試験学科目は内科

表1-5　私立医科大学及び私立医歯薬専門学校の不正入学等への対応状況

(私立医科大学及び医学専門学校)	入学取消又は諭旨退学	その他
日本歯科大学	—	
日本大学専門部医学科	—	科長退職
東京医学専門学校	1名	
大阪高等医学専門学校	6名	
九州医学専門学校	3名	
岩手医学専門学校	2名	
昭和医学専門学校	9名	
東京女子医学専門学校	—	
計	21名	
(私立歯科医学専門学校)	諭旨退学	その他
東京歯科医学専門学校	1名	
日本歯科医学専門学校	1名	
大阪歯科医学専門学校	3名	
九州歯科医学専門学校	2名	
日本大学専門部歯科	—	
計	7名	
(私立薬学専門学校)	入学取消又は諭旨退学	その他
東京薬学専門学校(男子部)	2名	
京都薬学専門学校	2名	
大阪薬学専門学校	3名	
明治薬学専門学校	5名	校長退職
帝国女子薬学専門学校	2名	
計	14名	

出典：文部省(1932c)により作成。

一　私立の歯科医専に対しては三月一日午前十時から二時間にわたり行
　　ひ学科目は補綴学
　一　私立の薬学に対しては三月二日午前十時から二時間にわたり学科目
　　は有機化学

　以上のように、戦間期における私立医歯薬系専門学校を取り巻く社会的状況として、私立医歯薬系専門学校の量的拡大が進む中で、営利主義的学校経営の顕在化や不正入学の多発を招き、さらには、「インチキ学校征伐」へと大きく社会問題化したことが無試験免許指定審査の厳格化を始めとする質保証強化の要因となった。

第3節　思想統制手段としての視学委員制度

　本節では、戦中期における視学委員制度の実態について考察する。非常に限られた資料を調査する中で、同時期においても文部省視学委員が私立医歯薬系専門学校の無試験免許指定審査に当たるケースが国立公文書館所蔵文書によって確認できる一方、戦時体制の強化という社会状況に応じて、高等教育機関に対する思想統制手段として視学委員制度が活用された実態が浮き彫りになる。
　まず、前節で考察した私立医歯薬系専門学校の無試験免許指定審査における視学委員の役割は件数的には僅かであるが、実地視察及び生徒試験が簡素化した形で行われた関係資料が存在する。また、終戦直後の視学委員の解嘱の手続文書（文部省1946d）を見ると、医学、歯科医学等に視学委員が戦中期にわたって継続的に委嘱されていたことが窺える。
　次に、思想統制手段としての視学委員制度の運用に関する時代的経緯と実際について考察する。
　1920年代後半以降、思想善導政策の展開と軍による国民教育への介入が進行し、1931年の満州事変を機に高まった非常時の中で、文部官僚によっ

て思想対策が強化されていった(寺崎・戦時下教育研究会編1987：15)。初等中等教育関連では、思想局が地方に督学官を配置した。高等教育関連では、文部省に学生課・学生部、帝國大学や直轄諸学校に学生主事が設置されたほか、文部省に学生思想問題調査委員会、内閣に思想対策協議委員会といった審議機関が設置されるに至った。さらに、1935年には、後に文部大臣となる橋田邦彦や和辻哲郎らを思想視学委員に委嘱し、高等学校の視察等に従事させる動きも生じた。

　1936年10月に教育刷新評議会が公表した『教学刷新ニ関スル答申』は、督学・視学制度の刷新拡張を重要視する内容となっていた。

　　イ　督学・視学制度ニツイテハ、法規ノ形式的解釈ニヨル画一的監督ヲ排シ、個々ノ実際ニ適スル指導ヲ主トシ、教育・学問ノ精神・内容ニ重点ヲ置キ、コレヲ刷新拡張スルコト肝要ナリ

　　　又督学官・視学官・視学等ノ任用ハ、特ニ人格ニ重キヲ置キ、教育・学問及ビ教育行政全般ニ亙ル識見ヲ具備スルヲ以テソノ標準トスルコト必要ナリ

　　ロ　視学委員制度ヲ改善・拡張シ、以テ督学制度ノ足ラザルヲ補ヒ、各学科ノ観察・指導・監督ヲ十分ナラシムベキモノトス(教育刷新評議会1936)

　1937年12月、教育刷新評議会の後を受けて教育審議会が設置され、翌1938年以降各種答申を発表した。その中で、国民学校、中等学校、高等学校、師範学校、青年学校等においては「練成」が、大学、専門学校、社会教育等においては「修練」が、当時の教育内容に不可欠なものとして位置付けられた(寺崎・戦時下教育研究会編1987:17)。

　まさに戦時下教育の実践が進む中で、視学委員制度そのものも軍部のコントロールによって運用されることになる。1939年4月23日の読売新聞に拠れば、陸軍歩兵大佐　石田栄郁、同中佐　中島嘉樹、同中佐　吉田章雄、同

大尉　高倉繁の四将校が視学委員に発令されたことが掲載されている。同掲載記事には、「全国官公立私立大学の軍教も必修科となったので学校教練の製作をはかるため陸軍現役軍人を文部省視学委員に嘱託すること」になったと記されている。政府は視学制度を活用して、対象を広めながら、最終的には、高等教育機関を含めた全教育機関を思想統制しようとした有様が窺える。
　また、国立公文書館所蔵資料に拠れば、陸軍、海軍の現役軍人が文部省視学委員に委嘱されている記録が1942年以降について残されている。例えば、1943年10月7日付け、文部次官から陸軍次官及び海軍次官あての照会文書（文部省1943）では、「学徒ノ航空訓練ノ指導ニ関シ陸海軍航空関係官各一名」を新たに文部省視学委員に委嘱したい旨の依頼がなされている。
　以上のように、戦中期の視学委員制度は、前節で考察した私立医歯薬系専門学校の無試験免許指定審査における機能を果たしながら、一方において、軍部による思想統制手段として運用されるという異なる側面を持つようになったと結論付けられる。

第4節　小　括

　戦前における視学委員制度の実態については、従来、文部省（1949）における僅かな言及や散在する新聞記事でしか把握できていなかったが、本章では、新たな資料を発掘することにより、大正期以降の私立医歯薬系専門学校の無試験免許指定審査に係る実地視察及び生徒試験において、視学委員制度が活用されていた事実を実証的に明らかにした。
　本章での考察において、次の四点を明らかにすることができた。
　まず一点目は、私立医歯薬系専門学校の無試験免許の指定状況を概観しながら、当該審査過程における視学委員による実地視察及び生徒試験の実態を考察し、指定規則に基づいた改善事項指示や学校分析を行っていたことが明らかにした。
　二点目は、私立医歯薬系専門学校の無試験免許指定制度の制度的沿革を

辿っていく中で、昭和初期の私立医学専門学校の乱立を契機として新たに委嘱された医学視学委員配置の過程や、その後の私立医歯薬系専門学校の指定審査過程の厳格化について明らかにした。併せて、「インチキ学校征伐」を通して実施された国家試験実施には視学委員が強く関与していた事実について明らかした。

三点目は、視学委員による無試験免許指定審査の厳格化の要因ともなった私立医歯薬系専門学校を取り巻く社会的状況について考察し、戦間期における私立医歯薬系専門学校の量的拡大や営利主義的学校経営の顕在化に着目しながら、「インチキ学校征伐」へと社会問題化していく過程を明らかにした。

最後に、四点目として、戦中期の視学委員制度の運用についても言及し、私立医歯薬系専門学校の無試験免許指定審査に係る機能を担う一方、軍部による思想統制手段という異なった機能を担った事実について明らかにした。

戦前期における視学委員制度は、私立医歯薬系専門学校の無試験免許指定に関し、各指定規則に基づいた審査を主な役割としていたと要約できる。また、視学委員がその任務として、既指定学校への抜き打ち的な生徒試験の実施や1933年に実施された全私立医歯薬系専門学校を対象とした国家試験の実施などにも関与していた事実からは、国家権力の行使による統制との微妙な葛藤の中で同制度が運用されていたということにも注意しておく必要がある。このことは、戦中期の思想統制手段として視学委員制度が運用されるに至り、顕在化することとなった。

注
1 戦前期における高等教育関連の視学委員について、林（2008）が昭和初期以降の医学分野を中心とした活動実績について考察しているが、それ以前の活動実績については言及していない。
2 阿部（1937：902－905）を参照。
3 歯科医師免許及び薬剤師免許については、医師免許と異なり、無試験免許指定制度以外に、免許試験制度が戦前期にわたって運用された。
4 日本医学専門学校の場合、唐沢（1996a）（1996b）に拠れば、指定認可を巡って学校騒動が生じ、東京医学専門学校の独立分離にまで発展し、1919年まで指定

認可が滞った。また、東京女子医学専門学校の場合、東京女子医科大学（1966：111－113）に拠れば、設置認可後8年を経た1919年に至り、文部省からの指定申請勧告を受けて、翌1920年に指定認可を得た。

5 　当時の視学委員制度は、当該学問分野の権威者が自らの権力を発揮する学閥支配の装置として機能していたと捉えることも可能である。

6 　高梨（1940：619）は、「時の為政者の無理解と政党政治の弊害とに依り、折角幾多の困難を経て到達した医育統一の理想は打破せられ、一度消滅した医学専門学校が私立医専の許可に依りて復活し、再び医育の二級制に逆転するに至った」と記している。

7 　私立医学専門学校指定規則や公立私立歯科医学校指定規則においては、私立薬学専門学校指定規則とは異なり、視学委員を明記する改正は行われていない。

8 　天野（1989：311）表6－29「私立専門学校総収入にしめる学生納付金の比率（昭和3年）」及び天野（1989：313）表6－30「私立専門学校在学者一人当り学生納付金（昭和3年）」を参照。

第2章　戦後における視学委員制度の展開

　戦後日本の高等教育は、GHQ主導による教育改革によって、明治初期の学制制定以来の大きな制度変革に直面することとなった。すなわち、アメリカ型の教育システムの移入であり、こと高等教育の質保証システムにおいてはアクレディテーション・システムがその象徴であった。

　海後・寺崎（1969:505）は、「戦後の大学行政における最もいちじるしい変革は、大学の設置認可や教育課程にかんする文部大臣の行政権が制限され、新制大学の教育研究水準の維持・向上が、大学自体の専門的識見にゆだねられ、その自主的努力が公的に期待されるようになったことである」としている。1947年7月に創設された大学基準協会策定の大学基準では、「この基準は大学の最低の基準を示すものであって、新しく設置される大学は勿論、現に存在する大学にもこれを適用してその適否を検し、また内容の充実を計る」と規定し、適格と判定された大学においてもその後の自主的な充実向上が求められた。

　高等教育の質保証について、戦前期の政策とは大きく異なる方向性が打ち出された。さらに、新制大学の設置に向けた専門教育の再構築の中で、旧制専門学校の取扱いが大きな焦点となった。特に、

GHQが重要視した医学教育等の保健衛生分野では、医学・歯科医学・薬学・獣医学の旧制専門学校の教育条件等を実地審査する必要性に迫られていたが、終戦直後は、戦前期からの視学委員制度をそのまま運用せざるを得なかった。
　本章では、この事実に着目しながら、占領期の制度内容に始まり、大学設置基準省令化以降において視学委員制度が戦前期に担った機能とは違った形で展開していく実態を明らかにする。

第2章　戦後における視学委員制度の展開　51

第1節　占領期における視学委員制度

　本節では、占領期において、初等中等教育を含めた視学制度全般がどのように変容していったかを概観した後、高等教育における視学委員制度の役割や機能について実証的に明らかにする。

(1) GHQによる教育改革

　GHQによる教育改革において、戦前日本の教育制度の諸悪の根源として強く批判の対象に晒されたのが視学制度であった。1946年の『米国教育使節団報告書』において、「従来は、視学制度によって統制が強いられてきた。この制度は廃止されるべきである。この制度に代わって、取り締まったり、行政権力を行使したりせずに、激励したり指導したりするような相談員や有能な専門的アドバイザーの制度が設けられるべきである」(The first and second United States Education Mission to Japan 1946 = 1979：67)との指摘がなされているように、指導助言を主体とした教育行政への転換が進められていくことになる。

　第一次米国教育使節団来日の際に、日本の教育に関する情報を提供することを目的に民間情報教育局(以下「CIE」という)が作成した『日本の教育』(CIE 1946 = 1978)には、特に章を設けて視学の活動が記述されている。第1部第9章「学校視察(School Inspection)」がそれである。初等中等教育機関に対する督学官の視察事項や調査報告について記述があった後、大学等の高等教育機関に対する視察について、実際には大学の視察はほとんど行われず、大学以外の諸学校も4年から5年に1回の視察を受けるだけであると記している(CIE 1946 = 1978：80 − 81)。また、第2部の連合国軍による日本の教育管理に関する記述において、初等中等教育を中心とした視学制度全般の構造改革への取組が見受けられる。具体的には、文部省が1946年2月5日に視学官による学校視察の特別計画を開始し、各学校がどれくらいSCAP(Supreme

Commander for the Allied Powers)の指令を実行しているかをチェックすることとしたこと、視察計画を通じて教員達が実際の教育問題に役立つような指導をすることが重要であると視学官に認識させようとしていたことが分かる(CIE 1946＝1978：152-153)。

　終戦直後の視学制度の運用について、1947年11月15日付け文部次官通知「文部省視学官及び視学委員視察指導規程について」では、「視学制度については、学制改革に伴い、新しい構想の下に、目下研究中であるが取敢えず別紙視察指導規程により学制改革の円滑な運営を期すこととしたので、御了知相成りたい」とあり、GHQによる学制改革が進められる中で、視学制度を暫定的に運用せざるを得ない状況が明示されている。なお、文部省視学官及び視学委員視察指導規程は、第1条において「一　教育、研究又は事業の内容に関する事、二　組織、設備及び運営に関する事、三　教職員及び学生生徒の活動状況に関する事、地方教育の運営に関する事」を観察指導することが規定されているが、戦前期に規定されていた関係者に注意を与えることや学力試験を行うことは削除されていることが分かる。

　初等中等教育では、1948年の教育委員会法の制定により、視学制度が指導主事制度に取って代わることとなった。高等教育では、第1章で明らかにした戦前期の制度運用を経て、占領期の教育改革においてどのような役割を担ったかについてほとんど解明されていない。高等教育における視学委員制度は、戦後どのような歩みを刻んだのだろうか。戦前期・戦後期を通して、これまで体系的に論述されていない制度であるだけに、占領期の大きな国家的転換期にあって、視学委員制度が存続した目的や根拠規定を把握しておくことが重要である。以下において、その制度的経緯を整理する。

　GHQが進める教育改革のうち、高等教育分野についてはCIEが中心となって取り組んでいたが、終戦当初の日本の保健衛生状況を深刻に受け止めた米国側では、公衆衛生福祉局(以下「PHW」という)に医療人材の育成とそれに伴う専門教育の改善に関する主導権を任せることとした。医学、歯科医学、薬学、獣医学といった専門教育の再構築を行う上で、教育水準が低い専門学

第 2 章　戦後における視学委員制度の展開　53

校をどのように取扱うかは大きな課題であった。PHWの指導のもと、文部省は、専門学校を実地視察し、審査判定を行った上で大学への昇格を認めることとした。橋本（2003：38）に拠れば、GHQ主導で医学教育審議会が組織されるとともに、その下部組織である小委員会の一つとして医学校視学小委員会が設置され、同小委員会委員長を務めた文部省の松井正夫（学校教育課長）が「従来の視学制度との違いを説明し、視学小委員会の人選について今回の医学校視学は緊要な事案である」と医学教育審議会で報告している。大学昇格のための専門学校の実地視察について、戦前期において私立医歯薬系専門学校の無試験免許指定審査に関わっていた視学委員制度を活用することとした。

(2) 占領期における視学委員制度の実態

　占領期の医学教育改革における医学視学委員の専門学校実地視察については、GHQ/SCAP/PHW資料に基づいた先行研究が幾つか見られる。橋本（2003、2004）は、占領期の医師養成政策の決定プロセスを詳述する中で、医学教育審議会の下に設置された医学校視学小委員会の任務について言及している。堀籠（2008）は、医療供給側面に関するGHQの政策意図・理念を検討する中で、医学教育審議会の議論に表れた医学視学委員の役割について言及し、「病院内教育（学生の臨床学習）、インターンシップサービスにおける問題を彼らを通じて改善するというもの」「厚生省と文部省との意識の相違に対応した両省間の橋渡しの役割」と指摘している。ただし、いずれにおいても、占領期の医学教育改革に焦点を当てた論考であり、視学委員の役割を体系的な制度的枠組の中で捉えたものではない。

　ここでは、占領期の視学委員制度の全体像を明らかにすべく、国立公文書館所蔵の関係文書等に拠りながら、医学視学委員内規の運用や医学以外の歯科医学、薬学等における視学委員の委嘱の実態について明らかにする。

　国立公文書館所属の関係文書のうち、文部省（1946a）において、「標記の件については昭和十二年九月十四日附文部省訓令　文部省督学官及文部省視学

委員学事視察規程に依り實施中であるが先般來連合軍司令部の斡旋によつて設立された医学教育審議会の決定の次第もあり左記の通り医学の視学委員内規を作成実施して差支えないかお伺する」とあり、戦前期から文部省督学官及び文部省視学委員学事視察規程により運用されていた医学視学委員について、GHQの指示のもと、新たに医学視学委員内規を規定して運用することが示されている。同内規については、これまでの研究において言及がなく、その全文を以下のとおり掲げる。

「医学視学委員内規」
　一　任務
　　1　視学委員は文部大臣の命を承けて医学関係の大学専門学校を視察指導する。視察が終つた時は文書を以て視察状況を報告する。
　　2　視学委員は医学教育について文部大臣の諮問に應じ又は意見を具申して医学教育の振興充実に努める。
　二　視学委員数
　　視学委員は概ね二十名とし詮衡範囲は次の如くする。
　　　イ　大学医学部又は医科大学の教職員　　約十五名
　　　ロ　その他学識経験豊富な者　　　　　　約　五名
　三　詮衡の方法
　　文部省は医学部のある大学及医科大学に對して各三名以内の候補者の推薦を請ひこれと別に医学教育審議会の選んだ数名の候補者に就き医学教育審議会に諮問する。医学教育審議会はこれに応じ詮議の上約三十名の候補者を文部省に推薦する。文部省はこの推薦により詮衡決定する。文部省は右以外に自らの手で數名の視学委員の詮衡することがある。
　四　委嘱期間
　　委嘱期間は二年とし文部大臣がこれを委嘱する。二年の期間を終へた者でも前項の詮衡方法によつて選任せられた者は更に引続いて委嘱

することを得る。委嘱の時期は毎年度始めを原則とする。補欠委員の委嘱詮衡は前任者の残余期間とする。　　　　　　　　　（文部省1946a）

　以上のように、この内規では、医学視学委員の任務として、文部大臣の命を受けて医学関係の大学及び専門学校を視察指導すること、医学教育について文部大臣の諮問に応じ又は意見を具申して医学教育の振興充実に努めることが定められている。前者では、橋本（2004）に拠れば、医学専門学校の大学昇格に係る実地視察を行い、施設、教授陣容、学課課程などの優劣でA級校およびB級校を判別する任務を果たしていた。後者では、終戦直後、暫定的に制定された医学専門学校指定規則（1947年4月19日文部省令第7号）において、文部大臣が当該専門学校の指定を行う際に医学視学委員会に諮問すること、医学視学委員は当該専門学校の指定基準を定めることとされており、当該専門学校の指定に関する文部大臣への意見具申を任務としていた[1]。

　医学視学委員内規に基づく委員委嘱の具体的な手続きが、国立公文書館所蔵の文部省関係文書において明らかになる。まず、文部省（1946b）において、各大学から推薦のあった視学委員候補者59名について医学教育審議会に諮問して差し支えないかの伺いがなされている。それを受けて、文部省（1946c）で医学教育審議会の草間良男議長から田中耕太郎文部大臣宛に、大学医学部及び医科大学推薦候補者24名、医学教育審議会推薦候補者7名の推薦を行っており、文部省（1946d）において、大学医学部及び医科大学推薦候補者のうち18名、医学教育審議会推薦候補者のうち4名が視学委員として発令されたことが確認できる。

　歯科医学についても、1946年4月のGHQの指令に基づき、歯科医学教育の向上について検討する組織として歯科教育審議会が設置された。『歯科教育審議会報告書（其二）』に拠れば、同年11月27日に開催された第6回総会において、医学視学委員内規と同様の内容からなる「歯科医学ノ視学委員ニ関スル件（内規案）」が提示されている。委嘱する視学委員数や詮議方法に違いがあるので、当該箇所のみ以下のとおり抜粋する。さらに、内規に基づいた

大学推薦3名、審議会2名の計5名の歯科医学視学委員の上申が文部省(1946e)によって確認できる。

　二　視学委員数
　　　視学委員ハ概ネ五名トシ詮衡範囲ハ次ノ如クスル
　　　イ　歯科大学、歯科医学専門学校ノ教職員　　　約三名
　　　ロ　其他学識経験豊富ナ者　　　　　　　　　　約二名
　三　詮衡の方法
　　　文部省ハ歯科大学及歯科医学専門学校ニ對シテ各二名以内ノ候補者ノ推薦ヲ請ヒコレト別ニ歯科医学教育審議会ノ選ンダ数名ノ候補者ニ就キ歯科医学教育審議会ニ諮問スル歯科医学教育審議会ハコレニ応ジ詮議ノ上約十名ノ候補者ヲ文部省ニ推薦スル
　　　文部省ハコノ推薦者中ヨリ詮衡決定スル　　　（歯科教育審議会1947）

　このほか、薬学、獣医学の分野においても、文部省(1947a)で薬学視学委員5名の発令、文部省(1948)で獣医学視学委員10名の発令が確認できる[2]。
　占領期の教育改革当初における医学、歯科医学、薬学、獣医学の分野の視学委員名簿について、国立公文書館所蔵資料に基づき整理すると表2-1〜表2-4のとおりである。視学委員の委嘱手続きを調べると、戦前期の視学委員はすべて解嘱され、新たな委員が委嘱されている。
　占領期の高等教育における視学委員は、戦前期から引き続き医学や歯科医学等の特定の分野に限られているが、その役割は、専門学校からの大学昇格に係る実地視察や専門教育の振興充実への貢献など、戦前期における私立医歯薬系専門学校の無試験免許指定審査とは異なる機能を果たすこととなった。
　占領期以降、次節で詳述する文部省視学委員規程が制定される1955年までの期間において、どのように制度運用がなされたかを示す資料は管見の限りほとんど見当たらない。僅かに、中央教育審議会(1954)が医学視学委員会及び歯学視学委員会の検討を経てとりまとめられていることがその前書きに

表2-1 医学視学委員名簿（1946年9月26日発令）

氏名	所属	氏名	所属
小池　敬事	千葉医科大学学長	吉松　信寶	大阪帝國大学教授
橋本　喬	新潟医科大学学長	木下　良順	大阪帝國大学教授
遠藤　中節	岡山医科大学教授	久野　寧	名古屋帝國大学教授
木村　廉	京都帝国大学教授	斎藤　眞	名古屋帝國大学教授
三浦　百重	京都帝国大学教授	上野　一晴	金澤医科大学教授
佐藤　彰	東北帝国大学教授	勝　義考	京都府立医科大学学長
田宮　猛雄	東京帝国大学教授	阿部　勝馬	慶応義塾大学教授
柿沼　昊作	東京帝国大学教授	大森　憲太	慶応義塾大学教授
東　龍太郎	東京帝国大学教授	草間　良男	慶應義塾大学教授
戸田　忠雄	九州帝國大学教授	永山　武美	東京慈恵会医科大学教授
柳　壮一	北海道帝國大学教授	草間　弘司	日本医師会参与

出典：文部省（1946d）より作成。

表2-2 歯科医学視学委員名簿（1947年1月22日発令）

氏名	所属	氏名	所属
花澤　鼎	東京医科大学教授	堀内　清	京都歯科医師会会長
豊田　實	日本歯科医学専門学校教授	真鍋　満太	歯科教育審議会委員
中川　大介	日本大学専門部歯科教授		

出典：文部省（1946e）より作成。

表2-3 薬学視学委員名簿（1947年10月31日発令）

氏名	所属	氏名	所属
管澤　重彦	東京大学教授	篠原　亀之輔	山内製薬顧問
刈木　達夫	京都大学教授	桑田　智	武田薬品工業重役
上井　直	文部省嘱託		

出典：文部省（1947a）より作成。

表2-4 獣医学視学委員名簿（1948年1月22日発令）

氏名	所属	氏名	所属
田中　丑雄	東京大学教授	中村　哲哉	家畜衛生試験所長
佐々木清綱	東京大学教授	大澤竹次郎	獣医師会副学長
羽部　義孝	京都大学教授	島村　虎猪	獣医事協会会長
黒澤　亮助	北海道大学教授	葛西　勝彌	北里研究所所員
圓下　正治	九州大学教授	近藤　正一	獣医師会常務理事

出典：文部省（1948）より作成。

明記されていることから、視学委員が当該専門教育のあり方の検討に貢献していたことが窺える。

第2節　文部省視学委員規程制定以降の制度的展開

本節では、1955年の文部省視学委員規程制定以降の制度的展開について明らかにする。具体的には、文部省視学委員の法令上の位置付けを把握した上で、文部省視学委員規程の改正履歴を追跡することにより同制度の拡充の実態を明示する。それと同時に、文部省視学委員の拡充の契機となった政策的背景や視学委員の指導助言の効力等について考察する。

(1) 文部省視学委員規程の制定

1951年のサンフランシスコ講和条約以降、GHQ主導による学制改革に対する反動が見られる中で、文部省組織に視学官や視学委員の設置が明文化される。具体的には、1952年8月の文部省組織規程の全部改正により、初等中等教育局及び大学学術局に視学官を置くことが規定され、1955年2月の文部省設置法施行規則の一部改正により、大学学術局に視学委員を置くことが規定された[3]。これらは、戦前期の視学官や視学委員とは制度的性格を異にし、指導助言機能を担うものであった。さらに視学委員については、1955年4月に、文部大臣裁定による文部省視学委員規程が制定され、視学委員の任務や種類などが規定された。1955年以降の高等教育における視学委員制度は、文部省視学委員規程を根拠に具体的な制度運用が行われた。

文部省視学委員規程は、視学委員の任務、種類及び資格要件を規定している。その任務は、①学科、講座等の組織に関すること、②教育課程の編制及び履修方法に関すること、③施設、設備及びその管理に関することについて、大学（後に短期大学又は高等専門学校が追加）に対し、指導、助言を行うことであった。なお、制定時の規程（1955年4月4日付け文大庶第175号）が管見に入らないため、最初の改正後の規程（1958年2月27日付け文大大第123号）を以下に掲げる。

第1条　視学委員は、上司の命を受け、会議を開き、その議に基き、左の事項について、大学に対し、指導、助言に当る。
　一　学科、講座等の組織に関すること。
　二　教育課程の編制及び履修方法に関すること。
　三　施設、設備及びその管理に関すること。
2　前項の職務を行うに当り、特に重要な事項については、あらかじめ上司に具申するものとする。
3　第1項の規定により指導、助言した場合は、上司に対し、必要な報告をしなければならない。
第2条　視学委員の種類は左のとおりとし、その総定数は70名以内とする。
　医学視学委員
　歯学視学委員
　薬学視学委員
　獣医学視学委員
　看護学視学委員
第3条　視学委員は、左に掲げる者のうちから、文部大臣が任命する。
　一　大学の学長又は教授
　二　学識経験者
　三　関係各省庁の職員　　　　　　　　　　　　　　　　　（文部省1961）

　文部省視学委員規程の改正を辿ることによって、視学委員の種類が急速に拡充していった事実が明らかとなる。国立公文書館所蔵の関係文書によると、1961年10月に理学、工学、農学の視学委員予算定員が各10名の計30名を増員（文部省1961）、1962年5月に一般教育、教員養成、高等専門学校の視学委員予算定員が各10名の計30名を増員（文部省1962a）、1965年5月に経済学・商学、家政学の視学委員予算定員が各10名の計20名を増員（文部省1965）したことが判明する。1976年5月には、視学委員の種類は、一般教育、

文学、法学・政治学、経済学・商学、理学、医学、歯学、薬学、看護学・保健学、工学、農学、獣医学、教員養成、家政学、芸術学、体育学、短期大学、高等専門学校の18種類に及んだ。

視学委員の拡充の実態は、**表2-5**のとおり、1960年度から1999年度までの分野別の視学委員の推移を見れば明らかである。1960年代から1970年代にかけて、視学委員の種類が増え、一部の分野を除き、定常的に委嘱されるようになった。

視学委員の委嘱基準に関し明確に規定してものは存在しないが、文部科学省関係者へのインタビュー調査[4]に拠れば、①「指導助言」という視学委員の職務上、学会等における指導的立場にある者、当該分野において業績顕著である者、②大学設置基準にも照らして指導助言が行われることから、大学設置審議会専門委員等の経験者が目安となっていた。

なお、文部省(1975)では、「行政機関の職員は、原則として、審議会等の構成員にしない」とする1967年の閣議了解の趣旨に沿い、視学委員の資格要件を規定する同規程第3条から「関係各省庁の職員」が削除されたが、特に必要な場合には「学識経験者」で読むとの注記が残されている。この改正は、1960年代以降の行政改革の一環として審議会等の整理統合や運営改善が図られる中で、1966年制定「審議会等の整理に関する法律」（法律第98号）のほか、1967年10月閣議了解事項「審議会等の設置および運営について」を踏まえたものであった。

1960年代以降の視学委員の具体的な構成については、国立公文書館所蔵資料では見出すことができないため、占領期以上に具体的な委嘱手続きの実態が把握できない状況にある。僅かながらに、京都大学大学文書館所蔵資料に拠り、1962年当時の農学視学委員名簿、1984年当時の医学視学委員名簿を**表2-6**及び**表2-7**のとおり見出すことができた。前者は理工農の分野に視学委員が発足した当初の構成メンバーであり、構成員の所属大学にも偏りが感じられる。また、後者の名簿には厚生省職員が含まれている。

以上、占領期において医学・歯科医学等の特定の分野に限定して、専門学

表2-5　1960年度〜1999年度における分野別の視学委員の推移（単位：人）

分野＼年度	1960	1965	1970	1975	1980	1985	1990	1995	1999
一般教育	—	—	9	10	10	8	8	—	—
文学	—	—	15	14	14	11	11	13	13
法学・政治学	—	—	8	9	9	8	8	10	10
経済学・商学	—	—	9	10	10	9	9	11	11
理学	—	—	10	10	10	8	7	9	9
家政学	—	—	10	10	10	7	7	—	—
工学	—	—	10	10	10	10	11	11	10
農学	—	11	11	11	11	10	10	10	8
獣医学	8	9	9	9	9	—	—	10	—
医学	20	—	16	20	20	22	18	19	18
歯学	7	—	9	9	9	9	10	9	8
薬学	7	—	8	8	8	9	9	10	10
看護学・保健学	7	10	—	10	10	10	10	10	10
教員養成	—	—	—	—	—	—	—	—	—
芸術	—	—	—	—	—	—	—	—	—
体育学	—	—	—	—	—	—	—	—	—
短大	—	—	—	—	10	10	6	—	10
短大（文学）	—	—	—	9	—	—	—	—	—
短大（家政学）	—	—	10	10	—	—	—	—	—
高専	—	10	—	—	14	15	15	—	—
高専（工学）	—	—	10	11	—	—	—	—	—
高専（商船学）	—	—	—	2	—	—	—	—	—

出典：文部省（1956－1999）より作成[5]。なお、表5-1でも明記されているとおり、教員養成、芸術、体育学の3分野の視学委員の委嘱実績はない。

表2-6　農学視学委員名簿（1962年6月現在）

氏名	所属	氏名	所属
井上　吉之	東京農工大学長	島田　錦蔵	東京大学教授
磯辺　秀俊	日本大学教授	戸苅　義次	東京大学教授
奥田　泉	京都大学教授	福田　仁志	東京大学教授
永沢　勝雄	千葉大学教授	盛永俊太郎	（九州大学名誉教授）
斎藤　道雄	日本大学教授	和田　保	（元東京教育大学教授）

出典：京都大学（1962）より作成。

表2-7　医学視学委員名簿（1984年6月現在）

氏名	所属	氏名	所属
石田名香雄	東北大学教授	酒井　文徳	日本学術振興会理事
牛場　大蔵	慶応義塾大学名誉教授	諏訪　紀夫	東北大学名誉教授
大谷　藤郎	厚生省医務局長	中馬　一郎	大阪大学教授
緒方規矩雄	新潟大学教授	中井準之助	筑波大学副学長
織畑　秀夫	東京女子医科大学教授	中山健太郎	東邦大学教授
懸田　克躬	順天堂大学名誉教授	名取　礼二	東京慈恵会医科大学長
香月　秀雄	放送大学学園教学企画責任者	前田　博	東京医科歯科大学教授
河合　忠一	京都大学教授	松浦　啓一	九州大学教授
岸本　孝	日本大学教授	松本　清一	自治医科大学教授
小山　善之	国立病院医療センター名誉院長	水越　治	京都府立医科大学教授

出典：京都大学（1984）より作成。

校の大学昇格に係る実地視察や専門教育における検討などを任務とした視学委員制度は、1955年の文部省視学委員規程制定において、①学科、講座等の組織に関すること、②教育課程の編制及び履修方法に関すること、③施設、設備及びその管理に関することについて、大学（後に短期大学又は高等専門学校が追加）に対する指導助言の役割を担うこととなった。そして、その対象分

第2章　戦後における視学委員制度の展開　63

野も、理学・工学・農学をはじめとした幅広い分野に拡充されることとなった。

(2) 池正勧告を契機とした文部省視学委員制度の拡充
　ここでは、1960年代以降、視学委員制度が拡充された時代的背景や政策的要因について明らかにしていきたい。
　戦後10年を経た1955年頃から、国民生活の復興を礎に、各種産業が発展し、国際的競争力を高めていくには、科学技術教育を着実に行い、国を支える優秀な科学者・技術者を養成することが急務であると叫ばれるようになった。1957年11月の中央教育審議会答申『科学技術教育の振興方策について』では、科学技術系大学学部卒業者数の増加措置として、科学技術者養成計画の樹立が提示された。同年12月に閣議決定された『新長期経済計画について』では、当該計画最終年度の1962年における理工系大学卒業者の不足を約8,000人と見込み、これに対応するため大学・短期大学における理工系学生の増員を図ることが求められた。これらの政府方針により科学技術者養成計画が実行に移された。
　新経済5か年計画に基づく大学、短期大学の理工系学生8,000人増員計画は、1960年度をもって完了したが、池田内閣が新たに打ち立てた国民所得倍増計画を推進する理工系人材の養成が喫緊の課題となった。文部省は、国民所得倍増計画の最終年次に需要が釣り合うように、1961年度を初年度とする7年間（短大については9年間）で16,000人（内訳は、国立10,000、公立1,000、私立5,000）の理工系学生増募計画を定めた（文部省1962b：17）。しかし、計画初年度に、早くも2万人増員計画に改訂し、1961年度から1964年度までの4年間を第1期計画として、その間に理工系学生を2万人増やす（内訳は、国立11,440、公立760、私立8,400）というものであった（文部省1963a：17）。
　この計画改訂の要因となったのは、1961年3月11日付の荒木万寿夫文部大臣に対する池田正之輔科学技術庁長官の『科学技術者の養成に関する勧告』、いわゆる池正勧告である。この勧告では、科学技術会議による「十年

後を目標とする科学技術振興方策の総合的基本方策について」に対する答申や国民所得倍増計画において推算されている「科学技術者（理工系大学卒業者）不足数約17万人の半数を充たすことも至難であり、わが国の科学技術の振興及び経済成長の達成に重大な支障を及ぼすことが懸念される」と強い調子で記され、大幅な増員計画の早急な検討を求めた内容となっている。また、当時その背後には、「従来の方針を堅持しようとする文部省に公然と反対する行動を繰り返し、当局の政策変更に大きな圧力をかけた」（伊藤1996：95-96）といった私立大学側の強い拡張要求があった。

　文部省は、増員計画の実現の具体的方策として、私立大学の学科増設や学生定員変更の取り扱いを緩和せざるを得なくなった。その結果、新制大学発足以降、大学教育の水準の維持向上を考慮して、大学、学部の設置認可の際に条件を附し、その後の学科の増設や学生定員の変更については、文部大臣の協議を求めていたが、「学科増設及び学生定員変更の取扱いについて」（1961年7月7日文部大臣伺定）において、「私立大学の良識と誠意ある措置を期待し、その自主的運営に委ねることが適当である」（文部省1963b：233）として、私立大学の学科増設及び学生定員変更を事前届出制とする大転換が図られた。大﨑（1999:216）は、「理工系学生増募に発した問題であるが、理工系にかぎらずすべての大学・学部について、私学はこのようなフリーハンドを持つことになった」と評している。

　ここで注目したいのは、文部省として私学にフリーハンドを与える代わりに、大学教育の水準維持のための方策を措置しなかったのかという問題である。黒羽（1994：279）が僅かに「文部省は緩和措置と同時に従来、医・歯・薬等特定分野にしかおかなかった視学委員を全分野におき、大学を巡回して指導助言させるよう措置した」と言及しているが、具体的には、1961年7月7日付け文部大臣伺定「学科増設及び学生定員変更の取扱い」において、「視学官および視学委員を拡充強化し、これを活用して、学科増設等の場合に限らず、随時大学の事情を視察し、必要な指導助言を行なう」（文部省1963b：233）と明記されている。1960年代以降の視学委員制度の拡充は、理工系学生増

第 2 章　戦後における視学委員制度の展開　65

募を背景とした私立大学の学科増設及び学生定員変更の届出制に係る措置を直接的な契機としていた。

　なお、1960年代以降、視学委員制度が医学・歯科医学等の特定の分野以外に幅広く運用されることになるわけであるが、特に、医学分野の視学委員は、戦前期、占領期を通して当該専門教育に関し一定の役割を果たしてきたことから、他分野と異なり、専門教育の質的改善に関する提言等も行っていた。宮地編(1983)に拠れば、医学視学委員会議を開催して当面する諸課題について検討し、意見をまとめ、医学教育の改善充実に関する文部省の指導、助言に資する役割を担っており、例えば、文部省の求めに応じ、「大学病院における臨床研修のあり方について」(1980年7月14日)をとりまとめた事例が見られる。

(3) 視学委員制度への期待と現実

　1960年代以降の大学の量的拡大は、理工系拡充策や大学志願者急増対策の展開により進んだ(伊藤1996：91－105)。大学入学者数が右肩上がりの状況下において、私立大学を中心に、いわゆる「水増し入学」や「マスプロ教育」が助長される結果となった。**図2-1**に示すとおり、1960年代後半から1970

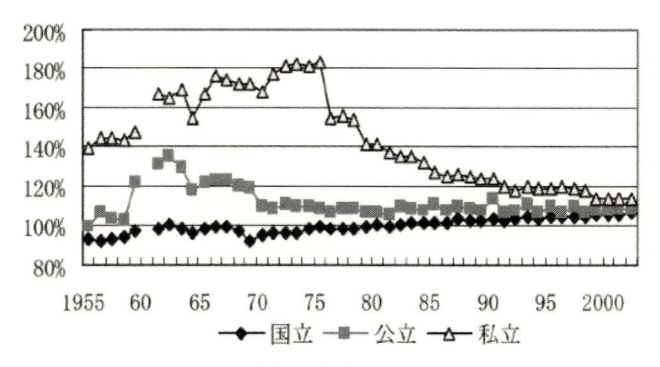

図2-1　学部入学定員充足率の推移
出典：浦田(2005：11)

年代にかけて、私立大学の学部入学定員充足率は1.8倍前後で推移することとなった。

まさに、大学教育の水準維持が大きく問われる中にあって、設置認可後の大学教育に関する諸問題について、政府にとって視学委員による指導助言が一つの拠り所であった。そのことは、当時の政府関係者による国会答弁において明らかである。『国会議事録』に拠れば、1960年代から1970年代にかけて、大学教育の実態に関する議論が行われており、文部省による対処策として視学委員制度に言及することが多く見られた。以下に掲げる1969年7月23日衆議院文教委員会における村山政府委員の答弁はその一例である[6]。

> 大学教育の実態につきまして、これは普通には大学が自主的に行なっておるわけでありまして、文部省では若干の問題につきまして報告を受ける、あるいは視学委員というような制度がございまして、こういうものを通じまして実地調査をやって、それに基づいて指導、助言をするというようなことをやっておりますが、遺憾ながら各大学について常時網羅的に把握しておるという状況でございませんので、率直に申し上げまして、たとえば設置基準どおり授業が行なわれていないとか、あるいは御指摘のような脱法行為がほかにも行なわれているかもしれないというような点につきましては、遺憾ながら絶無であるということは申し上げられないわけでございます（衆議院1969）。

当該答弁においても明らかなように、視学委員による指導助言が主要な手段として捉えられていたが、大学教育の実態を網羅的に把握するまでに至っていない状況が存在していた。視学委員による指導助言によって大学教育の水準維持を図ることに一定の限界が存在した背景には、法令違反に関する規定と結び付けた仕組みとなっていなかったことが挙げられる。当時の学校教育法第13条では、当該学校の閉鎖命令についてのみ規定し、改善勧告等の規定が存在しなかった。

戦後期の文部行政は、戦前期の統制監督の反省から、「その基本は非権力的な指導助言行政」（吉本・熱海編1980：60）であった。視学委員制度が担った高等教育機関に対する指導助言機能はそのような戦後期の文部行政の範疇にあった。以下に示す1983年7月27日衆議院文教委員会での宮地文部省大学局長（当時）の答弁は設置認可後の大学に対する指導形態を整理立てて説明しており、視学委員制度の制度的位置付けが理解できる。

　　定例的に行っております大学に対する指導の一般的な形で申し上げれば、たとえば設置審議会で認可になりました後、設置審議会の委員でございますとか、そういう方々が指導に参るケースがまず一般的に行われるケースでございます。そのほか、各専門分野について視学委員をお願いしてあるわけでございますが、そういう視学委員の方々に実際の大学に出向いていっていただきまして、それぞれ大学の運営その他について指導助言をいただくというようなケースが一番一般的なケースであるわけでございます。そのほか、設置認可の際に問題点を指摘されておりますような事柄については、アフターケアといたしまして、完成年度まで毎年指導に参るというようなケースも中にはあるわけでございます（衆議院1983）。

1970年代前後には私立大学で度重なる不祥事が発生し、何らかの入学定員管理を行う必要性が生じてきた。1975年7月公布の私立学校振興助成法において、私学助成の要件として適正な入学定員管理が規定されるに至った。私立大学等経常費補助金を交付しない定員超過率の推移を示すと**表2-8**のとおりであるが、1970年代当初の超過率は7.0倍に始まり、3.0倍以上の設定となっていたこと自体、それまでの入学定員管理に関する捉え方がいかに緩やかであったかを証明している。しかし、一方において、私立大学を中心とした大学教育の質の改善について、従来、視学委員による指導助言をもってしか対応できなかった政府が私立大学等経常費補助金に係る法的拘束力を備

表2-8　私立大学等経常費補助金を交付しない定員超過率の推移

区　分	収容定員超過率	入学定員超過率	
		医・歯学部	その他の学部
1973年度	7.0倍以上	7.0倍以上	
1974年度	6.0倍以上	6.0倍以上	
1975年度	5.0倍以上	5.0倍以上	
1976年度	4.0倍以上	4.0倍以上	
1977年度	3.0倍以上	3.0倍以上	
1980年度	3.0倍以上	1.3倍以上	2.7倍以上
1985年度	3.0倍以上	1.2倍以上	2.35倍以上
1990年度	2.4倍以上	1.15倍以上	1.9倍以上
1995年度	1.9倍以上	1.1倍以上	1.55倍以上
2000年度	1.72倍以上	1.1倍以上	1.47倍以上
2005年度	1.62倍以上	1.1倍以上	1.45倍以上

出典：日本私立学校振興・共済事業団(2007)より作成。

えたことは、いわゆる水準維持行政のあり方を大きく変えることになったといっても過言ではない。

　1976年3月に高等教育懇談会がまとめた『高等教育の計画的整備について』において、私立大学の入学定員超過の是正を図ることに計画の重点を置くこととし、計画期間中(1976年度〜1980年度)に、定員超過率を全体として1.5倍以内にとどめ、「設置者の自粛を求めつつ、学部、学科の性格に即し、教育研究条件の改善に資するよう所要の措置を講ずるものとする」とした。これらの対策の結果、私立大学の入学定員超過率は、**表2-9**のとおり、1975年の1.84倍から1979年には1.42倍に抑えられた。

　一方、私立大学等に対する指導及び助成の観点から、行政管理庁が行う行政監察において、複数回にわたって、視学委員制度の充実が求められている

表2-9 設置形態別の大学・短期大学における入学定員充足率の推移

	1970年度	1975	1976	1977	1978	1979
国立大学	0.95（%）	0.99	0.99	0.99	0.99	0.99
公立大学	1.09	1.09	1.07	1.09	1.09	1.07
私立大学	1.68	1.84	1.55	1.56	1.54	1.42
計	1.45	1.57	1.39	1.40	1.38	1.29

出典：大学設置審議会大学設置計画分科会（1979）附属資料3より作成。

ことに注意しておく必要がある。高等教育政策が量的拡大から質的充実に転換していこうとする中にあって、自己点検・評価やアクレディテーションの必要性が唱えられる以前の質保証システムとして、視学委員制度の存在価値、有効性に期待されていたことが裏付けられる。

1970年に行政管理庁が行った私立大学等に対する指導及び助成に関する行政監察では、「国は私立大学等に対し指導・助言を行なうほか、認可・認定ならびに各種補助金の交付および融資等の措置を通じ私立大学等の振興対策を講じているが、本監察（調査）では私立大学に対するそれらの指導および助成の実態を監察（調査）し、その制度および運営の改善に資すること」（行政管理庁行政監察局1971）を監察の目的として、私立大学等の教育条件の整備状況に係る事後指導の項目において、1970年度の視学委員の指導実績が掲げられ（**表2-10**）、視学委員1人当たりの指導実績が低調な分野が指摘されるなど、制度全般の充実が所見表示された[7]。

その後の行政管理庁行政管理局（1983）においても、国公私立間の大学数の相違や専門分野別の対象大学数の相違などから、視学委員の実地視察の周期が不定期かつ長期化することを指摘し、視学委員制度を一層充実するよう指導されている。同報告書では、1979年度から1981年度までの3ヵ年の視学委員の指導実績を示しながら（**表2-11**）、視学委員による校地、校舎、専任教員等の教育条件に関する指摘事項の約90％が改善されており、指導助言の効果が上がっているとしている。その一方で、私立大学に関して、対象とな

表2-10　視学委員の指導実績調べ（1970年度）

設置者別 \ 学部の種類	文学関係	法学・政治学関係	経済学・商学関係	理学関係	医学関係	歯学関係	薬学関係	工学関係	家政学関係	一般教養関係	農学関係	獣医学関係	看護学関係	合計
国立（指導学部数）	0	1	1	3	5	3	3	5	2	4	11	3	1	42
公立	2	0	1	0	2	0	0	0	2	1	0	0	0	8
私立	7	7	5	2	8	1	3	3	3	6	2	1	0	48
合計	9	8	7	5	15	4	6	8	7	11	13	4	1	98
視学委員数	15	8	9	10	16	8	8	10	10	9	11	9	9	133
1人当たり指導学部数	0.6	1	0.8	0.5	1	0.5	0.8	0.8	0.7	1.2	1.2	0.4	0.1	0.7

出典：行政管理庁行政監察局（1971:36）より作成。

表2-11　視学委員の指導実績（1979〜1981年度の平均）

設置者別 \ 学部の種類		一般教育関係	文学関係	法学・政治学関係	経済学・商学関係	理学関係	医学関係	歯学関係	薬学関係	工学関係	農学関係	獣医学関係	家政学関係	看護学関係	合計
国・公立	指導学部数	4	2	3	3	3	3	1	4	3	6	1	2	2	37
私立	指導学部数	7	8	6	7	3	8	6	5	2	0	2	5	7	66
合計	指導学部数	11	10	9	10	6	11	7	9	5	6	3	7	9	103

出典：行政管理庁行政監察局（1983:68）より作成。

る320大学のうち66大学（約20％）を実地視察しているが、対象学部数の多い分野について実地視察そのものの周期が長期化する傾向が見られると指摘され、一層の充実を促す内容となっている。

第3節　小　括

　本章では、占領期から1970年代にかけての視学委員制度の展開について明らかにした。

　戦後期における視学委員制度の展開は、占領期における過渡的な制度運用を経て、大学設置基準省令化一年前の1955年制定の文部省視学委員規程を根拠に制度的整備が行われた。そして、1960年代以降の私立大学を中心とした量的拡大に伴う水準維持のための制度的措置を目的して拡充され、特定の分野に限らない総体的な質保証システムとして重要な役割を果たすこととなった。

　第1節では、戦前期において私立医歯薬系専門学校の無試験指定審査を中心にその機能を果たしてきた視学委員制度が、占領期における高等教育機関の整備再編の中で、医学や歯科医学の専門学校から大学への昇格に係る実地視察やそれらの分野の専門教育の振興充実のための機能を果たすこととなったことを明らかにした。

　GHQによる医療制度改革の遂行の中で、戦前期から存在した視学委員制度を活用することとし、医学視学委員や歯科医学視学委員に関する内規を規定して運用した事実は、戦前期から戦後期にわたる視学委員制度の継続性を明らかにした点で重要である。また、国立公文書館所蔵政府文書に拠り、戦後当初に初めて委嘱された医学視学委員、歯科医学視学委員、薬学視学委員、獣医学視学委員の名簿も明らかにすることができた。

　第2節では、1952年、1955年の文部省組織規程における視学官、視学委員の規定内容と1955年の文部省視学委員規程の制定内容を整理した上で、1960年以降に、視学委員が従来の医学等の特定分野以外に拡充され、当該分野の教育研究を中心とした指導助言の機能を担った実態を明らかにした。理工系人材養成の社会的要請に呼応した池正勧告を契機に、文部省は私立大学の学科増設及び学生定員変更に係る事前届出制の導入に踏み切ることと

なったが、視学委員制度の拡充強化をもって設置認可弾力化の対処策としようとした。戦後における視学委員制度の展開を考える上において、1961年7月7日付け文部大臣伺定「学科増設及び学生定員変更の取扱い」の意義は大きい。

　その後の視学委員制度の運用においては、視学委員による指導助言そのものの限界や不定期な実地視察の実態といった制度的課題が表面化してくる。私立大学において助長された水増し入学やマスプロ教育の実態は、1975年制定の私立学校振興助成法に規定された収容定員超過率及び入学定員超過率の上限設定により、財政的支援とリンクした形でのコントロールによって改善されていくこととなった。一方において、私学助成関連の行政監察で視学委員制度に対する指摘が何度か行われており、1970年代当時においては、視学委員による指導助言に対して一定の評価が下され、活性化を促す指摘が行われていたことにも言及した。

　「大学の設置認可については文部省（とくに大学諸問機関としての大学設置委員会）が責任をもち、設置認可後の大学教育の水準向上には、民間専門団体としての大学基準協会が責任をもつという方式」（海後・寺崎1969:548）が講和条約締結後の占領政策に対する反動として大学設置基準の省令化へと至ったことが、戦後期の視学委員制度の展開に大きな影響を与えたと言うことが出来よう。文部省による設置認可行政が整えられていく中で、高等教育の水準維持・向上を図る一機能として、視学委員制度がその役割を果たすことになった[8]。1956年10月22日に公布された大学設置基準第1条では、同基準が「大学を設置するのに必要な最低の基準」（第2項）であり、かつ、「設置基準より低下した状態にならないようにすることはもとより、その水準の向上を図ることに努めなければならない」（第3項）と規定されており、第3項の設置認可後の大学の水準維持・向上を保証する機能は実際には視学委員制度が担ったと解釈できよう。

第2章　戦後における視学委員制度の展開　73

注

1　「医学専門学校指定規則」（1947年4月19日文部省令第7号）及び「歯科医学専門学校指定規則」（1947年4月19日文部省令第8号）において、文部大臣が当該専門学校の指定を行う際には医学又は歯科医学の視学委員会に諮問すること、医学及び歯科医学の視学委員会は当該専門学校の指定基準を定めることが規定されていた。なお、「医学専門学校指定規則」及び「歯科医学専門学校指定規則」は、「医師法」（1948年7月30日法律第201号）及び「歯科医師法」（1948年7月30日法律第202号）の制定により、その効力を失うこととなった。

2　看護学等について、1947年11月28日付け起案文書（文部省1947b）において、「保健婦助産婦看護婦学校指定規則」の省令案が作成され、保健婦助産婦看護婦視学委員会に諮問して学校の指定を行うことや視学委員会が指定に関する基準を定めることが規定されており、その取扱いにおいて、同視学委員会が学識経験者4名、文部省・厚生省の官吏各1名の計6名で構成されることが記されている。しかし、当時の官報等を調べたところ、同省令制定の事実は確認できない。当時、「保健婦助産婦看護婦令」（1947年7月3日政令第124号）の制定を受け、同年11月4日付けで「保健婦助産婦看護婦養成所指定規則」（厚生省令第28号）が制定され、併せて、「保健婦助産婦看護婦令」が規定する「文部大臣が指定する学校」に係る根拠法令として「保健婦助産婦看護婦学校指定規則」の制定が準備されていたと考えられる。また、同起案文書には、「医大附属厚生女学部の改組、女子厚生専門学校の新制大学設置認可申請する情勢に鑑みて、至急施行しなければならない時期にある」との施行理由も記されている。同省令案がどのような形で運用されたかについては、別の機会に検討を行うこととする。なお、保健婦助産婦看護婦の養成機関に係る指定規則は、その後、「保健婦助産婦看護婦学校養成所指定規則」（1949年5月20日文部省・厚生省令第1号）の制定によって整備されることになる。

3　1958年11月の文部省設置法施行規則の一部改正により、初等中等教育局に視学委員を置く旨の規定が整備され、大学学術局に置かれた視学委員とは対照的に、その事実を新聞各紙（「視学委員に廿九氏　―文部省　専門別に指導委嘱―」（1958.11.11朝日新聞朝刊2面））が取り上げている。

4　文部科学省関係者へのインタビュー調査は、2005年6月27日に実施した。

5　各年度における分野別の視学委員の数や視学委員会の開催数については、『文部省第81年報（昭和28年度）』から『文部省第127年報（平成11年度）』に掲載されており、巻末の資料3において一覧表にまとめた。なお、『文部省年報』は第128年報（平成12年度版）をもって廃刊となっている。

6　国立国会図書館（1947－1992）において、「視学委員」という検索語に対し73

件が検索結果表示される。このうち、高等教育関連については半数以上の54件を数える。

7 　高等教育関連の行政監察や行政評価・監視は、本論文中に取り上げたもののほか、いくつかの項目について実施実績があり、その運営に少なからず影響を与える意味で注意を払っておく必要がある。これまでに実施された主な項目は、総務庁行政監察局（2000）及び総務省（2001－2011）によると以下のとおりである。

実施調査時期	調査項目
1959.4〜6	大学における科学技術教育行政監察
1970.8〜9	私立大学等に対する指導及び助成に関する行政監察
1981.7〜9	国立大学及び国立大学共同利用機関に関する行政監察－研究施設の管理運営を中心として－
1982.4〜6	日本私学振興財団の業務運営に関する監督行政監察
1984.10〜12	国立医科大学（医学部）及び同附属病院の運営管理に関する行政監察
1987.1〜3	留学生の受入対策、帰国子女教育等に関する行政監察
1994.1〜6	高等教育に関する行政監察
1997.12〜1998.3	国立大学附属病院に関する行政監察
1998.4〜1999.5	国立高等専門学校の運営に関する調査
2001.8〜2002.12	私立学校の振興に関する行政評価・監視－高等教育機関を中心として－
2002.8〜2003.11	教員の養成、資質向上等に関する行政評価・監視

8 　大﨑（1998）は、「設置基準は設立時の基準だというのは、よくある誤解です。そうではなく、設置されているという状況の基準なのであって、設立後もあの基準はずっと適用される。そうでなければ意味がない。認可後の保証がないというのは、別の次元の問題です」と述べる一方で、視学委員制度について、「そういう指導などを通して、ともかく設置基準が遵守されるようにという努力がなされている」という見解を示している。文部省として、視学委員制度は基準適用の機能を担うという解釈が存在したと言えよう。

第3章　アクレディテーションと視学委員制度
──大学基準協会での議論を中心に──

　臨時教育審議会(1986a)が大学団体によるアクレディテーション[1]の実施に言及したことは、設置認可行政を中心とした日本の高等教育の質保証システムにとって大きな転機となった。以下で明らかにしていくように、その動きを受けて大学基準協会が改めてアクレディテーションの実施を構想する過程の当初において、視学委員制度との関係性を巡る議論に相当の時間を割いた事実は、視学委員制度の沿革、とりわけ質保証システムとしてのこの制度の位置づけを明らかにしようとする際に避けて通れない検討課題であると言えるだろう。

　本章では、大学基準協会の歴史的歩みを踏まえながら、臨時教育審議会を契機とした大学基準協会の活性化の動きに触れた後、管見の限りこれまで引用されることのなかった大学基準協会所蔵の「あり方検討委員会」の議事録[2]に拠りながら、アクレディテーション構想の展開における視学委員制度を巡る議論とその意義について考察する。

　それまでの質保証システムは、設置認可行政が支配的であり、大学設置認可後の質保証機能についての理解は、大学関係者の間でも十分ではなかった。本章で扱う大学基準協会での視学委員制度との

関係性を巡る議論は、大学設置認可後の質保証機能について大学関係者が本格的に検討し始めた端緒であったといっても過言ではなかろう。その後、大学基準協会のアクレディテーション構想が相互評価制度へと結実するとともに、視学委員制度そのものが、第5章で言及するように認証評価制度へと転換することを視野に入れると、臨時教育審議会を契機とした大学基準協会と視学委員制度を巡る議論が、高等教育の質保証システムの変化に関連した重要な事項であることが分かる。

第1節　大学基準協会の歩みと模索

　まず本節では大学基準協会（1957、2005）を基に、大学基準協会の歩みと模索について整理し、次節以降でみる1980年代以降の動きの前提となった歴史的文脈を明らかにしておきたい。

　戦後間もない1946年1月9日に、GHQは日本政府に対し『日本教育家ノ委員会ニ関スル件』と題する覚書を発した。その中で、日本の教育システムについて研究し、技術上の事項について最高司令官と文部省に対し助言する教育使節団の派遣をアメリカ政府に要請したことを明らかにした。教育使節団は、同年3月7日から日本における公式日程を開始し、同月30日には報告書（『米国教育使節団報告書』）をGHQに提出した。同年9月、教育使節団の勧告を受けて日本政府は、教育改革を進めるため、「教育刷新委員会官制」を定め、総理大臣の所轄の下に、教育に関する重要事項を調査審議するため、教育刷新委員会を設けた。教育刷新委員会において新制度下の大学のあり方が論じられている1946年10月29日に、大学設立基準設定協議会の第1回会合が行われた。この協議会は、大学基準協会（1957：81）では、文部省の日高学校教育局長が、CIEから大学設立の認可基準について質問を受け、内規を提出したところ、客観性を欠いているという指摘を受け、公平な基準設定について協議するため設けたという趣旨の説明がなされているが、CIE側が、大学設立の際の基準を、文部省主導によってではなく、大学人によって作られるべきだという方向に示唆したというのが実情らしい（大学基準協会1957：83）。これが、まさに、新制大学の基本骨格を決める「大学基準」制定作業の起点となったわけであり、同協議会には、文部省のほか、東大、東京商科大、東工大、千葉医大、東京文理科大、中央大、早大、慶大、大正大、立教大の各学長又は学部長、事務局長らが出席した。

　1947年3月25日の協議会において、CIEは、大学設立基準設定協議会を文部省から独立した「自主的な協議会とするよう強く指導し」（大学基準協

2005：61)、和田小六東工大学長が座長に選ばれ、自主的運営の態勢を整えた。この時点において、新制大学の枠組みづくりの作業が教育刷新委員会から大学設立基準設定協議会に移ることとなり、CIE側の意向が強く働くようになった。大学設立基準設定協議会は、同年4月下旬から、全国の大学に対し、協議会の事業に対する合意と今後の運営への主体的参加を呼びかけた。こうして、アソシエーション結成という課題実現の意向を固めていたCIEの計画とあいまって、同年5月12日・13日で大学設立基準設定連合協議会が開催されるに至った(大学基準協会2005：63)。

　大学設立基準設定協議会では、基準策定の過程で、「作成しつつあるのがチャータリング・スタンダードなのか、それとも水準向上を目指す適格判定に使われるアクレディティング・スタンダードなのか」(大学基準協会2005：75)といった疑問が高まり、同協議会メンバーがCIE側に説明を求めた。その際に、アクレディテーションの定義について、CIEと日本関係者の間で、「アクレディテーション(基準適用)についての解釈」という形で以下の3点が確認された。この当時導入しようとしていたアクレディテーションの形式は文部省と関係のない機関が大学の教育研究活動をアクレディットするというアメリカ型をそのまま移入しようとしたことが分かる。

　　(1) アソシエーションはアカデミックの内容が完成されたかどうかを検討する
　　(2) アクレディテーションは文部省と関係のないアソシエーションによってなされなければならぬ
　　(3) アソシエーション中にCommittee of Inspectionを置きAccreditを担当させる

(大学基準協会2005：76)

　同年5月23日には、学校教育法施行規則が公布され、第66条において、「大学(大学院を含む。)の設備、編成、学部及び学科の種類並びに学士に関する

事項は、別に定める大学設置基準による」と規定された。文部省側としても、協議会の成果を利用するほかに適当な方法がないと判断し、同協議会の名称が大学設置基準設定協議会と改称され、「大学設立基準」という名称も「大学設置基準」となった。

　結果的には、文部省から独立した協議会が「大学設置基準」を決定し、文部大臣の監督に属する大学設置委員会の設置認可基準として採択されることとなった。同年7月7日には、協議会において、学校教育法に規定する「大学設置基準」が承認され、翌8日には、大学基準協会の創立が決定されるとともに、同日の大学基準協会創立総会において、上記「大学設置基準」がアクレディテーション基準としての「大学基準」として採択された。

　以上のようにCIEの強力な指導のもとに、「官僚統制の否定の原理から出発した設置認可行政」は、しかし占領期の終結と文部省の復権とともに、周知のように「昭和31年の大学設置基準の省令化の道へ、つまり『官僚復活』の方向へと変容」（喜多村1977：121）していった。

　文部省は大学設置基準制定に際し、「この省令で定める大学設置基準は、大学を設置するために必要な最低の基準を定めたものであるから、大学のあるべき姿を定めた『大学基準』とはその目的を異にする」（文部省1957）と、両者の明確な違いを強調している。そしてこのことは、当然ながら、「大学基準」が大学にとって重要性を格段に小さくするものであった。

　こうした事態に対応して、早田（1997：74）が指摘するように大学基準協会内部においても、「大学基準協会の会員資格審査である『適格判定』との関連において、またすでに会員校の資格を得ている大学の改善・向上へ向けた支援の方途を検討していく中で、大学基準のあるべき姿が協会内部において真剣に模索されることとなった」。しかし、大学基準協会内での「意見が錯綜し」、目指すべき有効な方向性を打ち出すことはできなかった（早田1997：74）。大学基準協会から見れば、まさに"冬の時代"への突入であった。

第2節　臨時教育審議会を契機とした大学基準協会の活性化

　大学基準協会に再び光が当たり始めるのは、1980年代半ばにおける中曽根内閣時代の臨時教育審議会の議論・答申を通してである。その後の高等教育政策にも大きな影響を与えることになる臨時教育審議会（1986a）において、高等教育の個性化・高度化の必要性が盛り込まれ、大学における自己評価の実施やユニバーシティ・カウンシルの創設が明示された。具体的には以下のとおりであり、大学基準協会の存在がクローズアップされることとなる。

　　第4章　高等教育の改革と学術研究の振興
　　　第1節　高等教育の個性化・高度化
　　　　（4）大学の評価と大学情報の公開
　　　　　①　大学には絶えず自己の教育、研究および社会的寄与について自ら検証し、評価することが要請され、そのための方法やシステムについて検討を深めることが望まれる。また、個別大学の自己評価にとどまらず、大学団体がそのメンバー大学を相互に評価し、アクレディテーションを実施し、大学団体としての自治を活性化することも重要である。
　　　第3節　ユニバーシティ・カウンシル（大学審議会－仮称）の創設
　　　　　④　ユニバーシティ・カウンシルは、その任務の遂行に当たって大学に関する諸団体との連携や協力に努めるとともに、設置基準、アクレディテーション等の専門的審議に際しては大学基準協会との組織的な連携を図る。
　　　　　⑥　ユニバーシティ・カウンシルの創設に関連して、本来大学相互の間で自主的に水準の維持・向上を図るための組織として設置されている大学基準協会の在り方を再検討し、これを活性化する必要がある（臨時教育審議会1986a）。

羽田・米澤・杉本編（2009：4）が、「80年代に大学教育の改善方策として、アメリカのアクレディテーションが『再発見』された」と指摘しているように、臨教審答申では高等教育の個性化・高度化の方策として、大学評価の必要性が提案され、その具体的ツールとして自己点検・評価やアクレディテーションを改めて導入すべきことが明記された。日本の高等教育を取り巻く社会的状況がこうした質保証システムを必要な機能として求めるようになったと解釈することができよう。

このような契機が大学基準協会自身のあり方の再検討を促す結果となった。大学基準協会は、1986年2月21日の理事会において「あり方検討委員会」の設置を決定し、大学基準協会の今後のあり方について具体的な検討を開始することになる。「あり方検討委員会」は、アクレディテーションの検討を中心に、大学基準協会の将来構想に関連した重要な提言を行う役割を担い、1988年2月16日に「本協会のあり方に関する中間まとめ」、1990年2月20日に「本協会のあり方に関する第二次中間まとめ」、1994年4月13日に「本協会のあり方に関する第三次中間まとめ　－大学基準協会による当面の「加盟判定審査」と「相互評価」のあり方を中心として－」を公表した。この議論の過程において、アクレディテーションの導入にかかわる真剣な議論がなされ、その際に、それまで事後評価の機能を実質的に果たしていた視学委員についての議論にかなりの時間が割かれた。この議論の具体的内容について、次節において詳細に述べることにしよう。

天城（1977）は、1956年の大学設置基準省令化が「chartering方式とaccreditation方式が、わが国独特のものに変容していく第一歩」であったとして、具体的には、その後の政策文書において「基準判定を目的とした大学基準と、設置認可を目的とした設置基準の両者が混在している」と指摘し、「大学基準判定（accreditation）機能は、完全に設置認可（chartering）に包含されている」という認識を示していた。このようなチャータリングやアクレディテーションに関する認識から考えても、臨時教育審議会が提起した質保証に関する課題は、日本の高等教育におけるアクレディテーション概念の再考を

促す重要な契機となった。その過程で、設置認可後の事後評価としての大学基準協会と視学委員制度の関係性が大きくクローズアップされることとなったと解釈できる。

第3節　「本協会あり方検討委員会」における議論の考察

　本節では、大学基準協会所蔵の「あり方検討委員会」の議事録に拠りながら、大学基準協会におけるアクレディテーションの実施に向けた議論において生じた、大学基準協会と視学委員制度との関係性について考察を行う。
　具体的には、1988年3月22日開催の第59回大学基準協会評議員会において、「あり方検討委員会」の西原委員長が、視学委員制度との関係について「実に重要な問題で、長い時間をかけて議論しました」と述べていることに着目し、大学基準協会におけるアクレディテーション構想の展開過程における視学委員制度を巡る議論に焦点を当てながら考察する。

(1)「本協会あり方検討委員会」における議論（その1）――文部省視学委員制度の移管問題――

　「あり方検討委員会」は、西原春夫(委員長、早大)、青木宗也(法大)、飯島宗一(名大)、井出源四郎(千葉大)、大西昭男(関大)、相良惟一(聖心女大)、崎山耕作(阪市大)、田中郁三(東工大)、田中健蔵(九大)、橋口倫介(上智大)の10名の委員で構成され、1986年4月22日に、第1回の委員会が開催された。
　第1回委員会では、臨時教育審議会第四部会専門委員を務める戸田修三大学基準協会会長が特別出席者として出席した。主に臨時教育審議会の答申や審議内容を中心に議論が行われ、西原委員長から「臨教審の審議において、文部省の視学委員制度を本協会に移管する考えもある」との発言があり、大学基準協会の活性化が求められる中で、文部省の視学委員制度を大学基準協会に移管する考えが臨時教育審議会の議論においてあったことが伺える。第1回委員会議事録に「本協会としては、視学委員の仕事を引き受けることを

前提に考える必要があるのではないか」とあるように、大学基準協会は視学委員制度を引き受けることによってアクレディテーションの機能を担う方向で検討を始めた。

同年5月26日開催の第2回委員会以降、視学委員制度を引き受けるべきか否かを中心に議論が展開し、同年9月22日開催の第4回委員会では、視学委員の仕事を引き受ける場合の必要経費(「視学委員必要経費」)が試算され、全大学の全学部に対して5年に1回、アクレディテーションを行うという設定で年間1億3千万円余の資金が必要との報告があったほか、それまでの審議結果をまとめた「中間まとめ」について議論が行われた。

同年11月17日開催の第5回委員会では、大学基準協会の基準委員会に検討状況を報告した際に、大学基準協会が視学委員制度を引き受けることは歓迎すべきであるが、そのことを通して、文部省の下請作業を負って、官僚統制につながることのないように注意しなければならないといった意見があったことが報告された。

同年12月8日開催の第6回委員会では、大学基準協会が視学委員制度を引き受けた場合の問題点を中心に議論が行われ、「協会が視学委員の仕事を代行し、文部省に対して意見を述べることができれば、それは有意義なこと」といった意見があった一方で、「アクレディテーションの実施によって文部省のエージェントとなってはならない」という意見が出された。大学基準協会は、視学委員制度を引き受けることで存在価値が高まるメリットを感じながら、そのことによって、文部省の支配下に入ることは大学人によるボランタリー組織の趣旨に反するものであると考えていた。

第6回委員会では、さらに、設置基準の大綱化、簡素化に議論が及び、「設置基準はベーシックなものだけにとどめて、その大綱化・簡素化を計り、大学団体等の努力によりアクレディテーションを行っていくことを望むもの」「文部省の立場としての視学委員が行う細かいチェックによるアクレディテーションは論理的に矛盾するので、協会にその仕事を任せるという考え方もありうる」との意見があり、設置基準の大綱化、簡素化に伴う質保証

機能として、視学委員制度とは性格を異にした大学団体等によるアクレディテーションが必要となるとの認識が示されていた。

アクレディテーションと視学委員制度の違いが認識されていく中で、議事録に拠れば、視学委員制度の役割について、「①アフターケアで設置基準に達しない大学のフォローアップ、②より改善向上しようとする大学に対しての側面的援助」の2つの機能があると整理されていた。

以上のように、第1回から第6回までの委員会では、協会に視学委員制度が移管された場合のメリット、デメリットを中心に議論が展開する。臨時教育審議会（1986a）が「大学団体がそのメンバー大学を相互に評価し、アクレディテーションを実施」と明記しているように、アメリカ型の大学団体によるアクレディテーションが求められている中で、その理念の下に戦後当初設立された大学基準協会が改めてアクレディテーションのあり方を模索していることがそこに表れていると言えよう。大学設置基準省令化後、視学委員制度が拡充されていった状況の中で、当時の設置認可後の質保証システムに関する認識として、アクレディテーション機能を構築するためには、類似の制度としての視学委員制度の存在意義を整理しておく必要があったということであろう。麻生（1997）が、視学委員制度と大学基準協会によって「二つのアクレディテーションが動いていた」と述べているように、戦後当初の大学基準協会設立時とは違い、アクレディテーションそのものの定義付けが大学関係者において揺らいでいたことが上記の議論を生んだ背景となっている。

(2)「本協会あり方検討委員会」における議論（その2）——文部省視学委員制度との併存を巡って——

1987年1月20日開催の第7回委員会では、相良委員から「大学基準協会と視学委員制とのリンケージに関する提案」（大学基準協会1987）が示された。当時の大学基準協会と視学委員制度の関係性を如実に表現しているため、以下にその全文を掲載する。

基準協会の基準委員会は大学に関する基準の設定、保持、向上等にかかわっており、他方、判定委員会は、各大学の要請に応じ、当該大学が基準に合致するか否かの判定を行っている。
　さて、現在、すでに認可された大学に関しては、大学設置審議会および私立大学審議会が、アフターケア的措置として、たとえば、認可条件を履行しつつあるかどうかなどの実地指導を行っているのである。
　次に、文部省の視学委員が常時、各大学を訪問し、いわゆる査察指導を行っているが、それは一応アクレディテーションのための措置であるといえるが、きわめて不十分であるといわざるを得ない。
　そこで、基準協会がこの際、視学委員制とリンクし、本格的にアクレディテーションにかかわることが考えられよう。そのため、さしあたり、次のような措置をとることが適当と考えられる。
（一）基準協会が文部省に代わってアクレディテーションを行うため、今後、視学委員候補者を本協会の維持会員校の教員の中から選定し、文部省に推薦し、文部省が視学委員を委嘱する。なお、基準協会は各種の委員会を持っているので、候補者を推薦するにこと欠かない。また、維持会員の中からのみ候補者を選定するので、これは一種のメリットとも考えられよう。
（二）推薦された視学委員候補者は視学委員の資格を付与され、各大学の査察指導を行い、そのことは、アクレディテーションに基準協会がかかわるということになる（大学基準協会1987）。

　相良提案の内容は、文部省が所掌する視学委員制度が各大学への査察指導をもって、一応アクレディテーションのための措置を不十分ながら行っており、大学基準協会として、視学委員制度に直接関与することで、アクレディテーションに取り組む機会を確保しようという発想が基本となっていた。
　この提案に対し、「視学委員の査察指導が文部省の委嘱を受けて行われるとすれば、その際の適用基準は文部省の基準によることとなり、実質は文部

省そのものではないか」「現在の視学委員制度では、カリキュラムなど細かい教育内容にまで立ち入れない弱さがある」「協会としては、まず、アクレディテーションの仕事を引き受けるかどうかの検討が先決である」などの指摘があり、委員会内において視学委員制度とアクレディテーションとは制度的に違うものとする認識がなされていった。

さらに、大学基準協会と視学委員制度の関わり方として、「①協会が視学委員の仕事を全面的に引き受ける方式、②協会と文部省が並行的に査察指導を行う方式、③協会は文部省に対し、視学委員候補者を推薦し、視学委員は文部省の委嘱を受けて査察指導を行う方式」の三つの方式が考えられるとし、そのうち、②の協会によるアクレディテーションと文部省の視学委員制度を並列する場合に、「(a)協会と文部省は並行してそれぞれ独自に実施する、(b)協会がアクレディテーションを実施する大学については、文部省の視学委員査察は行わない」の二つの方式が考えられるとした。協会によるアクレディテーションを受けた大学に対して視学委員の実地視察を免除する考え方は、その後、認証評価制度導入時まで、大学基準協会が一貫して主張し続けたものであった。

同年3月3日開催の第8回委員会では、「中間まとめ(修正案)」が提示され、視学委員制度とは三つの関わり方があり、そのうちの一つとして、「加盟大学については協会が独自に、非加盟大学については文部省の委託を受けて自己評価を行い、視学委員制度は廃止する」という考え方が示された。しかし、4月20日開催の第9回委員会において、「中間まとめ(修正案)」の表現に関し、「視学委員制度は廃止する」を「視学委員制度の適用は受けない」と改めた方が良いとする委員からの提案があった旨の報告が行われた。

同年6月30日開催の第11回委員会に至り、視学委員制度との関係について、明確な意思表示がなされた。すなわち、大学基準協会としてはあくまでアクレディテーションの実施を目指すものであり、視学委員制度を引き受けるという考え方は間違っているというものであった。「協会と国とは無関係でなければならない。文部省は設置基準を満たしているかをチェックし、協

会は基準の向上を図るべきである」「協会によるアクレディテーションの実施によって、視学委員の仕事を置き換えることはおかしいのではないか」というように、アクレディテーションと視学委員制度が根本的に違うものであることが明確に認識されるようになったことが分かる。その上で、「視学委員とは何か、もう一度考え直す必要があるのでないか」「文部省は問題大学に対しては監督権を行使すべきである。現在の視学委員による影武者的指導助言は中途半端で意味がないと言える」「協会とは離れた立場で、文部行政や視学委員制度とは何かについて議論する必要がある」として、視学委員制度そのものについて、アクレディテーションとは切り離した形で議論する必要性があることを示唆した。

「中間まとめ（修正案）」を検討していく過程において、同年12月7日開催の第14回委員会では、視学委員制度との関係について、「大学審議会においても視学委員制度は議論されるであろうから、本協会では余り性急に結論を出さない方がよいのではないか」、翌1988年1月26日開催の第15回委員会では、「視学委員をどうするかは、文部省が決定することである」として、同委員会における視学委員制度との関係に係る議論は収束することとなった。

第15回委員会で決定された「本協会のあり方に関する中間まとめ」は、同年2月16日開催の理事会において承認を受け、公表された。このうち、「文部省視学委員との関係」については、大学基準協会加盟大学に対するアクレディテーションを前提に、視学委員制度の適用を免除してもらうという考え方を基本にしながら、視学委員制度とは別個にアクレディテーションを実施する案と視学委員制度に取って代わってアクレディテーションを実施する案が示された。

十　文部省視学委員との関係
　　協会加盟大学については、無条件に、または、協会の評価については文部省に報告することにより、視学委員による評価を免除してもらう。

これとは別に二つの考え方がある。
(1) 文部省の視学委員による評価とは関係なく別個にこれを行う。
(2) 視学委員制度に代わり、加盟大学については協会が独自に、未加盟大学については文部省の委託を受けて評価を行う(大学基準協会1988)。

　以上のように、第7回から第15回までの委員会では、視学委員制度との関係を三つの考え方に整理しながら、視学委員制度との併存の中で、大学基準協会によるアクレディテーションの存在意義が確保される方策が検討された。議論の過程において、視学委員制度の廃止といった直截的な意見も生じたが、視学委員制度のあり方そのものは文部省の裁量であるとし、大学基準協会のアクレディテーションとは別個の問題として扱うという整理が行われた。

(3)「本協会のあり方に関する第二次中間まとめ」以降の動向

　1990年2月20日に公表された「本協会のあり方に関する第二次中間まとめ」では、アクレディテーションの基準や方法のあり方のほか、視学委員制度との関係について、以下のような詳細の注書きが添えられたが、基本的な考え方について1988年2月16日決定の「中間まとめ」との相違はなかった。

十　文部省視学委員との関係
　　協会加盟大学については、無条件に、または、協会の評価については文部省に報告することにより、視学委員による評価を免除してもらう。
　　(注)この考え方の長所は、①協会加盟のメリットが高まる、②少なくとも加盟大学に関する限り、これまでとの比較において非権力的な自己評価が実現できる、③文部省からの援助が得やすくなる、などの点にあり、これに反して、短所は、文部省としては、協会

加盟の有無という民間の尺度によって評価の対象校を選定することになり、これが行政のあり方として認められるかどうかに問題が残る、などの点に求められる。
これとは別に二つの考え方がある。
(1) 文部省の視学委員による評価とは関係なく別個にこれを行う。
(注) この考え方によれば、協会の評価が権力的な性格を帯びることは防げるが、①協会の自己評価が軽く見られる、②大学の負担が倍増する、③文部省からの協力が得にくくなる、などの短所がある。
(2) 視学委員制度に代わり、加盟大学については協会が独自に、未加盟大学については文部省の委託を受けて評価を行う。
(注) この考え方の長所は、①本協会による評価制度を従来の視学委員制度に代える方向の考え方であるので、アクレディテーションを完全に民間の手に移しうる、②文部省の全面的な援助（民間活力の活用の一形態）が得られる、などの点にあるが、他方、③協会が文部省の下請けとみられ、理想的な評価がやりにくくなる、④相当な組織と費用が必要になる、などの短所がある。

(大学基準協会1990)

　その後、「あり方検討委員会」は、自己評価や相互評価の実施について検討することとなり、視学委員制度との関係を議論することはなくなった。しかし、大学基準協会がとりまとめた各種提言等において、視学委員制度の実地視察の免除等が継続的に提案された。
　1999年に、大学基準協会が、加盟判定審査に合格した43大学及び相互評価の認定を受けた50大学の計93大学を対象として実施した「大学評価に関するアンケート調査」(大学基準協会1999)では、大学基準協会と他の評価機関との関係に係る様々な意見が寄せられ、①大学の設置形態別に分かれて存在する大学団体と基準協会が共同で評価を実施する方向が望ましいとする意見、

②協会を介して、同系統の学科・専攻等による「大学人間の相互評価」などが考えられるべきとする意見、③既に事実上の第三者評価機能を担っている文部省関係の各種機関（大学設置・学校法人審議会、視学委員など）や私学助成機関の機能・運営が一層改善されることを前提に、協会を含めて第三者評価のあり方を検討して行く必要があると指摘する意見があったほか、④第三者評価が効果的なものとする手立てとして、視学委員の調査免除が挙げられた。

また、大学基準協会（2000、88－91）でも、大学基準協会と視学委員制度との関係について、第三者評価の充実という観点からいくつかの指摘を行っている。具体的には、「大学基準協会の大学評価は、各大学の改善・改革努力を社会的に保証し、自己点検・評価に対する客観性・妥当性の保証の法的要請を充足させる契機として基本的に機能する」とし、大学評価の効果をいくつかの措置と連動させることを提起しており、その措置の一つとして、視学委員実地視察の免除が挙げられている。また、協会と視学委員制度との今後の関係について、「新構想の大学評価を協会がスタートさせた暁には、文部省サイドにおいても、この大学の質の保証装置に正当な価値と地位を認め、視学委員制度が存在すると仮定した場合でも同制度と併存できるような形で、両者の事実上の調整が図られることが望まれる」と言及している。

大学基準協会が視学委員制度に関連して行った各種提言は、第三者による評価制度が求められる観点に立った指摘であり、視学委員制度そのものの存在意義を問うこととなった。そのような時代の流れの中で、総務省（2002a）が視学委員の任命・活動状況等の実態を明らかにし、「文部科学省は、視学委員制度の合理化を図る観点から、長期にわたり視学委員が任命されておらず、休眠状態になっている分野については廃止する必要がある。また、視学委員制度については、平成15年度に施行される違法状態の大学に対する是正措置と16年度に創設される第三者による認証評価制度との関連を踏まえ、その在り方を抜本的に見直す必要がある」という勧告が行われるに至った。そして、第5章で詳述するように、2004年の認証評価制度の導入により、日本の高等教育制度にアクレディテーションの定着が図られる中で、視学委員

制度は機能停止の状態に陥ることとなる。

第4節　小　括

　本章では、1980年代後半に生じた大学基準協会での議論を中心にして、アクレディテーションと視学委員制度の関係性について考察し、以下の点を明らかにすることができた。

　臨時教育審議会を契機とした大学基準協会におけるアクレディテーション構想当初において、視学委員制度を巡る議論が大きな問題となったことに焦点を当て、大学基準協会内において、視学委員制度の移管や廃止といった議論から、視学委員制度との併存の中で自らのアクレディテーション構想を実現する方向に議論が移行していったことを明らかにした。日本の高等教育における質保証システムの展開を考えたとき、臨時教育審議会を契機とした大学基準協会内での視学委員制度を巡る議論が重要な意味を持っていたことが浮き彫りになった。このことは、大学基準協会のアクレディテーション構想が相互評価制度へと結実するとともに、その後の視学委員制度の機能停止と認証評価制度の導入という質保証システムの変化が図られていく端緒であったと捉えることもできるのである。

　戦後当初、GHQ主導によりアクレディテーションの導入が図られたが、サンフランシスコ講和条約以降、文部省が復権していく中で、大学設置基準省令化による設置認可行政の強化が図られた。大学設置基準が設置認可のための基準だけでなく、アクレディテーション基準としての性格を有し、文部省は視学委員制度を拡充し、大学設置認可後、完成年度以降の大学の質保証に一定の責務を果たすこととなった。このことが、結果的に、政府が、大学設置認可後、完成年度までのアフターケアだけでなく、完成年度以降の質保証をも担う構造を作り上げることとなった。「アクレディテーションは文部省と関係のないアッソシエーションによってなされなければならぬ」（田中1995:138）という大学基準協会形成期のアクレディテーション本来の趣旨は長

らく実現することはなかった。

　臨時教育審議会(1986a)を契機とした大学基準協会におけるアクレディテーションの検討過程は、戦後当初のアメリカ主導によるアクレディテーション制度導入とは違い、改めて大学基準協会がどのような仕組みをもってアクレディテーションを運用すべきかについて、積極的な議論を大学基準協会内に生んだ。大学基準協会では、アクレディテーションを構想する過程において、視学委員制度との制度的差異を明確に認識するに至った。しかし、その後、アクレディテーションの制度的明確化が図られるには、大学基準協会による相互評価制度の導入などを経て、2004年の認証評価制度の創設まで相当の月日を要することとなった。

注
1 　「アクレディテーション」については，大学審議会(1991)において，「自己評価をより効果的に実施するためには，例えば，アメリカ合衆国におけるアクレディテーション・システムのように，大学団体等が，各大学が実施した自己点検・評価の検証を行い，客観性を担保することも望ましい方法」とあるように，第三者による適格認定を意味する。しかし，実際には，視学委員制度をアクレディテーションの一種と解するなど、幅を持った理解がなされていた。
2 　大学基準協会所蔵の「あり方検討委員会」議事録については，2005年8月24日に協会の協力を得て調査したものである。

第4章　視学委員制度の運用
―― 1991年～2004年を中心に ――

　本章では、1991年の大学設置基準大綱化以降、2004年までの視学委員制度の運用について、実地視察・指導助言・改善充実要望事項に対する履行状況の3点を中心に政府関係文書、各大学所蔵文書、関係者インタビューを参照しながら、その実態について考察する。大綱化以降の時期については、それ以前の時期に比べ、視学委員制度に関連する、公表された資料や関係機関に保存されている資料が比較的豊富に存在する。したがって対象時期は限定されるにせよ、視学委員制度の運用の実態を明らかにできる点において、本章での考察の意義はあると考える。

　以下では、まず実地視察や指導助言の実態、さらには、改善充実要望事項に対する履行状況について、制度的枠組みを中心に詳述する。続いて、それを踏まえながら、実地視察受審大学のケーススタディ、視学委員経験者や政府関係者へのインタビュー調査から得られた知見に基づき、視学委員制度の運用の実際を明らかにする。最後に、視学委員制度の運用の特徴について、肯定的評価及び否定的評価をまとめながら考察する。

第1節　大学設置基準大綱化以降の制度と実態

本節では、文部科学省や関係大学から得られた資料及びインタビュー調査に基づきながら、実地視察・指導助言・改善充実要望事項に対する履行状況の実態について明らかにする。その際に、大綱化前後の制度的対応の変化に注視しながら詳述したい。

(1) 実地視察の実態

実地視察の実態について、以下では、①実地視察対象校の選定方法と実施件数、②実地視察のスケジュール、③調査項目について順を追って取り上げる。

①実地視察対象校の選定方法と実施件数

まず、実地視察対象校の選定については、明確な基準は存在しなかったが、文部科学省関係者へのインタビュー調査[1]に拠れば、①毎年度各分野10校程度、②原則として当該分野において実地視察の実績がなく、他の分野においても5年間程度実地視察を受けていない大学、③総体として私立大学が多くなる中で国立大学又は公立大学を少なくとも1校選定、④地域的なバランスを考慮することを目安としていた。そして、当該年度の実地視察計画は、各分野別の視学委員会に諮られた上で、正式に決められていた。なお、現在の認証評価制度のように、実地視察の周期が明確に規定されているわけではなかったため、後述の実地視察対象大学のケーススタディにおいて示すように、分野別対象大学総数の寡多も影響して、個々の大学における分野別の実地視察の周期に相当な差異が見られ、かつ、同一分野についての視察周期も5年〜10年程度と比較的長かった。

次に、実地視察の実施件数については、**表4-1**に1991年度以降の分野別の件数を示した。全大学数に対する実施比率をみると、1992年度から1994

表4-1　年度別視学委員実地視察件数（1991年度~2002年度）（単位：件数）

分野＼年度	1991	1992	1993	1994	1995	1996	1997	1998	1999	2000	2001	2002
一般教育	—	—	—	—	—	—	—	—	—	—	—	—
文学	4	12	9	10	12	9	10	12	7	5	13	7
法学・経済学	3	8	8	8	7	6	7	7	5	4	10	5
商学・経済学	2	9	8	7	7	6	7	6	7	4	11	6
理学	3	7	6	6	5	5	5	5	5	4	4	4
家政学	—	—	—	—	—	—	—	—	—	—	—	—
工学	5	4	6	6	8	—	10	9	10	10	10	10
農学	4	5	5	5	5	—	9	9	4	4	4	4
獣医		3	7	6								
医学	8	7	6	8	7	7	8	8	8	9	8	8
歯学	4	6	4	5	4	5	5	5	5	5	4	4
薬学	8	7	7	6	6	6	7	7	7	7	6	6
看護学・保健学	1	2	1	2	—	—	2	1	7	7	7	7
教員養成	—	—	—	—	—	—	—	—	—	—	—	—
芸術	—	—	—	—	—	—	—	—	—	—	—	—
体育学	—	—	—	—	—	—	—	—	—	—	—	—
計(a)	42	70	67	69	61	44	70	69	65	59	77	61
当該年度に存在した大学数(b)	514	523	534	552	565	576	586	604	622	649	669	686
実地視察比率%(a/b)	8.2	13.4	12.5	12.5	10.8	7.6	11.9	11.4	10.5	9.1	11.5	8.9
短大(c)	6	14	21	18	6	22	19	18	0	0	2	2
当該年度に存在した短大数(d)	592	591	595	593	596	598	595	588	585	572	559	541
実地視察比率%(c/d)	1.0	2.4	3.5	3.0	1.0	3.7	3.2	3.1	0.0	0.0	0.4	0.4

出典：文部科学省（2003a）より作成[2]。

年度にかけて、13％前後の率を示したが、その後は減少傾向となり、2002年度には8.9％にまで落ち込んでいる。

既述した行政監察による改善指導を受けながらも、年度ごとに実施する視学委員実地視察件数には限界があったこと、教育研究組織の多様化などに応じて既存の分野では対応できない学際分野が生じたことも大きく影響していたと考えられる。なお、短大の実地視察については、表2-5で視学委員の委嘱状況を示したとおり、当初、文学や家政学といった限られた分野を対象としていたこと、さらには1990年代以降に視学委員が委嘱されない時期が発生してきたことから、全短大数に対する実施比率は大学と比べて相当に低いことが分かる。

②実地視察のスケジュール

①と同様に文部科学省関係者へのインタビュー調査に拠ると、実地視察の一般的なスケジュールは、当該実地視察の約1ヶ月前を目途に対象大学から「実地視察調査表」の提出を受けて、視学委員2名程度に、事務担当者2名程度が随行し、1日間の実地視察を行うといったものであった。詳細な日程は**表4-2**に示すとおりであり、前半では大学側からの調査表に基づく概要説明とそれに関連した視学委員側からの質疑、学生インタビュー（2000年前後から導入）、後半では学内施設視察があり、最後に視学委員側からの講評が行われるといった行程が通例であった。

ただし、実地視察のスケジュールは時期によって変化していたようである。特に、大綱化以降の変化として、学生インタビューが新たに取り入れられたことは大きな変化であった。後述のケーススタディの対象校である国立C大学における1961年から2003年にかけての関連資料（C大学1961－2003）に拠れば、1999年の薬学視学委員実地視察の際に、学生インタビューが新たに取り入れられたことが分かる。インタビュー学生については、当初、学部、大学院から数名であったが、2000年代に入ると、学部の各学科、大学院の各専攻から1名ずつ参加することとなった。そこには、出席者の範囲を広げ、

表4-2　視学委員実地視察標準日程表

日程	備考
9:30　（大学到着）	
9:45　挨拶	視察日程の確認 調査事項の打合せ 　（実地視察記録表） 主査の互選
10:15　委員と事務官の事前打合せ(30分)	
11:00　委員、事務官紹介 　　　　大学側紹介 　　　　委員挨拶 　　　　大学側挨拶 　　　　大学による調査表の概要説明 　　　　委員による説明聴取、質疑応答	
12:00　休憩・昼食(60分)	
13:00　学生インタビュー(45～60分)	主な視察箇所 教室、研究室、実験実習室、 図書館、LL教室等 その他の施設・設備
14:00　学内実地視察(60～75分)	
15:00　委員と事務官の打合せ(45分)	改善充実要望事項案の作成 文書指摘 口頭指摘 委員所見(感想)
15:45　講評・懇談(30分)	
16:15　（大学出発）	

出典：文部科学省（2003b）より作成。

出来る限り学生の生の声を聞きたいという意向が働いていたように見受けられる。また、学生インタビュー時に大学関係者の同席は避けるよう依頼する事務連絡が文部省から大学側になされている。学生インタビューの内容につ

表4-3　実地視察調査項目対照表

【1969年 文学視学委員実地視察実状調査表】	【2003年 看護学・保健学視学委員実地視察調査表】
1　大学の沿革及び役局 (1) 沿革 (2) 学校法人および大学の役員 2　学部学科等の組織 (1) 大学学部等の概要 (2) 調査対象学部学科等 3　校地 4　校舎等建物 5　諸設備 (1) 図書 (2) 学術雑誌 6　教員組織 (1) 定員および現員調 (2) 教員個人調査表 7　学生定員および在学者数 8　卒業所要単位数 9　教育課程 10　教育研究活動の概況 (1) 教育研究上の特色等 (2) 大学附置研究所・学部附属研究施設、実験所、資料館(室)等の概要 (3) 研究報告書(紀要)等の発行状況 11　予算決算の概要	1　大学(短期大学)の沿革及び学長等 (1) 沿革 (2) 大学・学部等の学科・専攻毎の理念、教育目標 (3) 学校法人及び大学(短期大学)の役員 (4) 学部別 2　校地・校舎 (1) 学校団地関係図 (2) 校地 (3) 校舎等建物 (4) 施設・設備の概要 3　図書・図書館等 (1) 図書・学術雑誌・視聴覚教材 (2) 図書館(室)の状況 4　入学者選抜の方法等 5　学生定員及び学生数等 (1) 入学年度別・学年別の学生在籍状況等 (2) 卒業者進路状況 (3) 国家試験合格状況 (4) 大学院看護学・保健学系研究科の学生在籍数 6　教育課程表 (1) 教育課程表 (2) 卒業要件単位数・時間数 (3) 基本となる(頻出の)1単位当たりの授業時間数(専門科目のみ) (4) 指定規則との対比表 7　教員組織 8　教員調 (1) 教員調(助手、兼任、兼担を含む) (2) 臨床実習指導者(兼任) (3) 専任教員の教育・研究業績一覧 9　教育研究活動の状況 (1) 研究報告書等の発行 10　実習病院の概要 11　予算決算の概要

第4章　視学委員制度の運用　99

12　学部設置認可等の認可条件、留意事項の履行状況および将来計画	12　学部・学科等設置認可等の認可条件・留意事項の履行状況 13　教育研究活動に関する評価について (1) 自己点検・評価及び外部評価の実施に当たっての学内、学科等内での検討状況 (2) 自己点検・評価及び外部評価の実施体制 (3) 自己点検・評価及び外部評価項目 (4) 自己点検・評価及び外部評価の実施結果の活用 (5) その他、教育研究活動に関する評価についての取り組みについて (学生による授業評価等) 14　教育の改善関係 (1) 教育理念・目標 (2) 教育改善のための取組み (3) 教育内容・方法 (4) 臨地実習 (5) 教育指導のあり方 (6) 入学者選抜の工夫 (7) 教育研究環境 (8) 学生生活の支援体制 (9) 国際交流・協力 (10) 生涯学習について (11) その他 15　大学院関係 (1) 教育理念・目標 (2) 研究指導のあり方 (3) 教育研究環境への配慮 (4) 研究倫理に関する体制 (5) 入学者選抜の工夫 (6) 過去の実績・検討状況 (①学位授与、②科目等履修生の受入、③他大学との単位互換) (7) その他特記すべき取組等 (TA又はRAの活動状況、14条特例実施状況等)

いては、学生の入学動機、履修形態、授業科目の具体的な内容、授業科目の出席率、授業評価システム、留年の基準、学生生活全般の満足度など広範囲に渡っていた（C大学1961－2003）。

③調査項目

　まず、実地視察における調査項目として、視察対象大学から事前に文部科学省に提出することが求められる実地視察調査表の項目について取り上げる。

　先と同じく、国立C大学における1961年から2003年にかけての関連資料（C大学1961－2003）に基づき、実地視察調査表の具体的な項目を辿ってみる。なお、実地視察調査表の調査項目は、一部の分野特有の項目を除いて基本的な項目については分野間で差異はなく、大学設置基準などに沿って、基本的な項目があげられているものである。

　1969年に行われた文学視学委員の実地視察では、調査表の項目は**表4-3**左欄のようになっている。その後、調査項目の変更はほどんど見られなかったが、1995年に行われた理学視学委員の実地視察における調査表では、「大学・学部等の理念、教育目標」や「自己点検・評価の実施について」という項目が追加されており、1999年に行われた薬学視学委員の実地視察における調査表では、「薬学教育の改善関係」という項目が追加され、(1) 教育理念・目標、(2) 教育体制、(3) 教育内容・方法、(4) 入学者選抜・入学定員、(5) 大学院、(6) 自己点検・評価、(7) その他の7項目について、自由記述が求められるようになった。最終的に、法人化直前の2003年に行われた看護学・保健学視学委員の実地視察における調査表の項目は表4-3右欄のとおりであり、分野による項目の差異はあるにせよ、全体としては項目が多様化し、また詳細になっていったことが分かる。

　次に、実際の実地視察における視学委員の視察の観点について取り上げる。

　国立公文書所蔵資料を調査することにより、大綱化以前ではあるが、薬学視学委員の1989年度実地視察における視察の観点(例)が手持ち資料として存在していたことが分かった（文部省1989）。当該資料によると、「入学定員、

教育課程、単位数の取扱い、卒業所要単位数の取扱い、推薦入学制度を取入れている大学の取扱い、施設の視察、動物飼育室のあり方、大学院」という項目が並び、学士課程及び大学院における入学定員充足状況に関し、「入学定員が守られていない場合は、入学試験の受験機会複数化の関連もあり、次のような改善充実要望事項とする。1.1倍以上、入学定員を守ること。特に、志願状況に留意する必要がある」「大学院の入学定員については、定員を充足していない場合でも口頭による指導事項に留め、改善充実要望事項としての通知は行わないものとする」といった改善充実要望事項とするか否かについての目安が明記されている[3]。

大綱化以降では、同じく薬学分野において、対象大学に対する視学委員実地視察の依頼文書において事前に主な観点を提示している。以下の事例は1999年度の薬学視学委員実地視察の主な観点(C大学1999)であり、1988年度のものと比べても、入学定員や教員充足が基本となっているが、観点が大きく細分化し、専門教育の改善、実務実習の実施状況、自己点検・評価活動などに重点が置かれた内容になっていることが分かる。

薬学教育の改善に係る実地視察(平成11年度)の主な観点(項目のみ抜粋)
1　教育理念・目標について
(1)教育理念・目標は設定されているか。
(2)その設定に沿ったカリキュラムが編成されているか。
2　教育体制について
(1)教育改善のための検討・実施状況
(2)教員組織
　　欠員が生じている教員の補充に努めているか。
3　教育内容・方法について
(1)カリキュラム編成
(2)教育指導のあり方
4　入学者選抜・入学定員について

(1) 入学者選抜
(2) 適正な入学定員を維持するよう努めているか。
5　大学院について
(1) 学生の確保に努めているか。
(2) 医療薬学専攻又はコースが整備されている場合、6か月以上の実務実習が実施されているか。また、指針（ガイドライン）は作成されているか。
(3) 社会人の受入体制が整備されているか。
6　自己点検・評価について
(1) 自己点検・評価について、適切な項目を設定し適当な実施体制を整え、実施しているか。
(2) 学生や外部者の意見聴取を通じた教育活動の評価を実施し、改善へ反映されているか。
7　その他
(1) 図書館機能の充実
(2) 教員の研究活動の活性化が図られているか。
(3) 生涯学習への取組みはどうか。　　　　　　　　　　　（C大学1999）

(2) 指導助言の実態

　実地視察後の講評を受けた実際の指導助言のあり方については、1995年3月に、分野別視学委員が横断的に集った視学委員全体協議会における申し合わせ（総務省2002b）として以下のとおり定め、大学の理念・目標や学生の視点を重視する観点から、従来からの文書指導に加え、新たに委員の所見を当該大学に送付することとした。視学委員による指導助言が当該大学の運営に一層の効果を与えるよう充実が図られることとなった。

①文書指導

　大学設置基準等の法令違反、その他大学運営上特に支障をきたすと思われ

る事項については、高等教育局長から大学長(公・私立大学については設置者にも)に対し、文書をもって改善充実を要請する。

②委員の所見
　視察の際の指導・感想のうち、各委員会で必要と認めた事項(①を除く。)については、委員の所見として書面(課長名)で各大学に送付する。(各大学の取組状況等で他大学の参考となるような長所面なども感想として含まれる。)

(総務省2002b)

　なお、視学委員実地視察による文書指導の実態は**表4-4**のとおりであり、実地視察を受けた大学のうち3割弱が文書指導を受け、その内容は専任教員の充足や入学定員の超過など、設置基準遵守の観点からの指導であった。

表4-4　視学委員実地視察に基づく文書指導の件数と内容(1996年度－2000年度)

(単位:件数)

事　　項	計	大学	短期大学
視学委員実地視察実績件数	32	28	4
文書指導なし	24	22	2
文書指導あり	8	6	2
高等教育局長による文書指導の内容	計9件	計6件	計3件
①専任教員の充足	5	4	1
②入学定員の超過の是正	2	2	0
③専任教員の年齢構成の偏りの是正	1	0	1
④特別講義の位置付けの明確化	1	0	1

出典:総務省(2002b:104)表4-④より作成。なお、文書指導を受けた大学によっては、複数の内容の文書指導を受けたケースがあるため、文書指導あり大学数と指導内容の件数が異なっている。

(3) 改善充実要望事項の履行状況

　改善充実要望事項として文書指導された事項に関する履行状況については、各大学が公表する自己点検・評価報告書等に記述されているケースが散見されるが、具体的な履行状況照会のあり方について、これまで明らかにされていなかった。今回新たに、国立公文書館及び各大学所蔵資料等を調査することにより、履行状況に関する回答方法や時期、さらには分野間における制度運用の差異などが明らかとなった。

　国立公文書館及び各大学所蔵資料等を調査する限り、1970年代以前においては、改善充実要望事項として文書指導された事項への対応の仕方については、各大学の自主性に委ねられていたようである。改善充実要望事項に関する改善充実状況の照会が該当大学に行われるようになるのは、おそらく1970年代半ばと考えられる。これまでの調査では、もっとも早い時期のケースとして、1973年度の理学視学委員による改善充実要望事項に関する改善充実状況の照会文書が存在する。具体的には、**表4-5**のような様式の報告書の提出が義務付けられた。

　当初は分野間で報告書の様式の違いが若干存在した。具体的には、文部省大学局技術教育課(現在の文部科学省高等教育局専門教育課)が所管していた工学・農学・獣医学の分野においては、「改善要望事項についての対処方針及び充実計画」を実地視察した当該年度末までに箇条書き形式で提出させる形態を

表4-5　改善充実要望事項についての改善充実状況報告書

大学名

改善充実要望事項	改善充実状況	備　考
1.	1.	
2.	2.	
5.		

出典：京都大学(1975)より作成。

とっていた。しかし、これらの分野においても、1980年代以降は上記の回答様式を用いるようになった(京都大学1975)。

　また、改善充実状況の照会時期は、分野間、年度ごとによって多少のバラツキが見られたが、概して実地視察の翌年度から照会が行われ、適切な改善措置がとられない場合にはその後も毎年度照会が行われた。

　ただし、医学、歯科医学の分野では、履行状況の把握への取組開始が1980年以降になってからと遅く、かつ、改善充実状況の照会も実地視察後3年経過時に行う形態をとっている。文部省(1986)に拠れば、1982年度第2回の医学、歯学の視学委員会において既に視察した大学の改善充実要望事項の定期的な履行状況調査を行うことが提案され、1984年10月17日付け高等教育局長通知により、医学については1981年度視察校に対し、歯学については1981、1982年度視察校に対し、視察後の改善充実の状況について報告を求めた。1986年度以降は視察後2年経過時の履行状況が把握できることとなった。

　具体的には、たとえば2002年度の視学委員会資料に拠れば、1999年度実地視察後3年経過時の各大学の履行状況が、**表4-6**に示すように報告されている。教員の欠員状況については完全に改善された大学は少ないが、入学者選抜や自己点検・評価の改善については適切な対応が取られていることが窺える。

　以上のように、視学委員実地視察による改善充実要望事項の履行状況の把握の仕組みの内容やその仕組みが定期的に機能し始めた時期が分野によって大きく異なっていたことが分かる。しかし、1980年代以降は、全分野において履行状況を定期的に把握するようになり、また、適切に対処されていない機関については、改善充実が図られるまで履行状況の照会が行われるようになった点において、指導助言の徹底が図られていったということは言えよう。

表 4-6　視学委員実地視察後の履行状況（1999年度実地視察分）

大学名	改善要望充実事項	改善充実状況
a大学	○教員の欠員について 　教授、助教授に欠員の生じている講座について、教育研究に支障がないよう早急に補充すること。	1　指摘時点で欠員だった講座等の現状 2　現在の欠員状況（以下略）
b大学	○教員の欠員について 　教員の欠員について、教育研究に支障がないよう配慮するとともに、早急に補充すること。	1　指摘時点で欠員だった講座等の現状 2　現在の欠員状況（以下略）
c大学	○教員の欠員について 　教員の欠員について、教育研究に支障がないよう配慮するとともに、早急に補充すること。	1　指摘時点で欠員だった講座等の現状 2　現在の欠員状況（以下略）
	○入学者選抜について 　推薦入学の選抜方法については、その趣旨を踏まえ、学力検査を免除し、入学志願者の能力、適正等を調査書等を活用して適切に評価するよう工夫改善に努めること。	推薦入学試験の改善状況（以下略）
d大学	○大学院について 　カリキュラムや入試時期を工夫するなど抜本的な改革を行い、入学者の確保に努めること。	1　研究科組織の改革 2　大学院共同施設の設置 3　学納金の低減化 4　秋入学制度の新設 5　収容定員の変更
	○教育研究活動に対する評価について 　自己点検・評価については、早急に実施すること。	自己点検・評価の実施状況（以下略）
e大学	○教員の欠員について 　教員の欠員について、教育研究に支障がないよう配慮するとともに、早急に補充すること。	1　指摘時点で欠員だった講座等の現状 2　現在の欠員状況（以下略）
	○教育研究活動に対する評価について 　自己点検・評価については、早急に実施すること。	自己点検・評価の実施状況（以下略）

大学名	改善要望充実事項	改善充実状況
	○入学者選抜について 　推薦入学の選抜方法については、その趣旨を踏まえ、学力検査を免除し、入学志願者の能力、適正等を調査書等を活用して適切に評価するよう工夫改善に努めること。	推薦入学試験の改善状況（以下略）
f大学	○教員の欠員について 　教員の欠員について、教育研究に支障がないよう配慮するとともに、早急に補充すること。	1　指摘時点で欠員だった講座等の現状 2　現在の欠員状況（以下略）
	○入学者選抜について 　推薦入学の選抜方法については、その趣旨を踏まえ、学力検査を免除し、入学志願者の能力、適正等を調査書等を活用して適切に評価するよう工夫改善に努めること。	推薦入学試験の改善状況（以下略）
g大学	○教員組織について 　教員の配置について、教育研究に支障がないよう配慮するとともに、早急に配置の適正化を図ること。	教員組織の改組転換（以下略）
h大学	○教員の欠員について 　教員の欠員について、教育研究に支障がないよう配慮するとともに、早急に補充すること。	1　指摘時点で欠員だった講座等の現状 2　現在の欠員状況（以下略）
i大学	○教員の欠員について 　教員の欠員について、教育研究に支障がないよう配慮するとともに、早急に補充すること。	1　指摘時点で欠員だった講座等の現状 2　現在の欠員状況（以下略）

出典：文部科学省（2003c）より作成。

第2節　実地視察受審大学のケーススタディ

　本節では、実地視察受審大学のケーススタディとして、私立大学2事例(私立A大学・私立B大学)、国立大学2事例(国立C大学・国立D大学)を取り上げ、個別大学での視学委員による実地視察や指摘事項への対応等についてとりまとめる。なお、各大学での訪問調査では、視学委員実地視察に関する対応体制、具体的な指摘事項に対する改善実施体制、その他視学委員制度に対する受け止め方等を中心に情報収集を行った[4]。ケーススタディを通して、大学側が視学委員実地視察に対してどのような意向をもって対応したのか、視学委員の指導助言が大学側にどのような影響を与えたのか、といった点を明らかにすることで、視学委員制度の運用の実態を更に明らかにしたい。

(1) 私立大学の事例
①私立A大学

　私立A大学の視学委員実地視察実績は分野ごとに**表4-7**のとおりである。本ケーススタディでは当該実地視察実績を踏まえながら意見聴取を行い、以

表4-7　私立A大学における視学委員実地視察実績

実地視察した視学委員	実地視察実施年度
法学・政治学視学委員	1970、1977、1985、1996
経済学・商学視学委員	1974、1984、1998
理学視学委員	1968、1974、1980、1989
工学視学委員	1964、1972、1993
農学視学委員	1968、1974、1978、1989、1997
薬学視学委員	1958、1964、1969、1974、1979、1984、1989、1997
短期大学視学委員	1997

出典：文部科学省(2003d)より作成。

下のとおりまとめた[5]。

　私立A大学では、大学が保守的な雰囲気であったため、視学委員からのコメントをうまく引き出し、組織再編等の活動に向けて、実地視察を戦略的に活用しようとしたとのことであった。視学委員実地視察の機会を、指導助言による法令遵守だけでなく、学内改革に活用しようとする肯定的な姿勢が窺える。

　一例として、1990年代のα学部への実地視察では、当該学部に2学科が併存していることが学問分野的に適切ではないのではないかとの指摘を受けた。学内では当初、1学部3学科構想が議論されていたが、視学委員の指導助言を受けて、2学部4学科構想へと転換し、2000年代に当該学部は2つの学部に分離改組することとなった。その背後には、実地視察の機会をある意味において有効に活用しようとした当該大学関係者の思惑が見え隠れした。

　1990年代のβ学部2学科設置、2000年代のγ学部2学科設置についても視学委員実地視察における指導助言を梃子にしているとのことであった。また、当時の学長も視学委員の指導助言を上手く活用すべきとの意向であった。

　視学委員制度全般への印象としては、認証評価制度に比べ、評価項目や評価基準に縛られない自由度があったのではないか、また、大綱化以降、文部省側の対応が大学の自律的な活動を尊重する姿勢に変わっていったように感じたとのコメントがあった。

②私立B大学

　私立B大学の視学委員実地視察実績は分野ごとに**表4-8**のとおりである。本ケーススタディでは当該実地視察実績を踏まえながら意見聴取を行い、以下のとおりまとめた[6]。

　私立B大学では、実地視察や指摘事項への対応について、全般的には文部科学省（文部省）の意向に従順に取り組んでいた。ただし、α学部の設置基準教員数未充足の問題には相当苦慮したようである。

　1970年代以降の数回の視察の度に、専任教員の未充足について指摘を受

表4-8　私立B大学における視学委員実地視察実績

実地視察した視学委員	実地視察実施年度
文学視学委員	1971
法学・政治学視学委員	1975、1982、1990、1999
経済学・商学視学委員	1974
理学視学委員	1962、1972、1973、1977、1979、1987、1993
工学視学委員	1971、1976、1980、1986、1999
農学視学委員	1970、1973、1980、1990
獣医学視学委員	1965、1971、1977、1979、1981、1984、1988、1992
医学視学委員	1977、1981、1983、1987、1994、1998
歯学視学委員	1973、1977、1979、1983、1984、1988、1990、1994、1996、2000
薬学視学委員	1958、1962、1970、1977、1983、1988、1995、2002
看護学視学委員	1976、1988
短期大学視学委員	1980

出典：文部科学省（2003d）より作成。

け続ける状況であった。大学側としても改善に向けた取組に尽力していたが、対応が十分に整わない状況があったようで、1980年代に入ると改善充実に関する照会が行われるようになった。視学委員制度における大学設置基準遵守に関する指導助言の徹底が図られた事例と言える。ただし、ある意味において、視学委員による指導助言自体が、十分な強制力を持たず、その対応が基本的に大学側の態度に委ねられていた、といった解釈もできよう。

　視学委員実地視察の専門分野間の差異もあったという。例えば、医歯薬系は元々組織間の交流が比較的緊密なため、視察する視学委員との面識がある場合が多く、和やかな雰囲気で行われるケースが多かったようである。また、専門分野別に実施される視学委員実地視察の効率的でない点として、学問領

域が融合した学部では、複数分野の視学委員実地視察の対象となり、実地視察の対応に係る負担が大きかった。

視学委員制度の機能については一定のメリットはあり、特に、法令遵守という面において文部省によるチェック機能が働いていたという印象を受けていたようである。定期的に開催されている学部長会議などに視学委員実地視察の結果は報告され、視学委員による指導助言とそれに伴う改善状況が学内において認識されていたことは確かなようである。

ただし、会計検査院などに比べると、実地視察に対する緊張感は少なからず低かったこと、分野において視察対象外の学部が存在し、すべての領域を必ずしもカバーしていなかったことなど、マイナス面のコメントもあった。

(2) 国立大学の事例
①国立C大学

国立C大学の視学委員実地視察実績は分野ごとに**表4-9**のとおりである。

表4-9　国立C大学における視学委員実地視察実績

実地視察した視学委員	実地視察実施年度
一般教育視学委員	1970
文学視学委員	1969、1997
法学・政治学視学委員	1973、1987
経済学・商学視学委員	1993
理学視学委員	1962、1974、1979、1995
工学視学委員	1972、1989
医学視学委員	1961、1980、1990、2000
薬学視学委員	1970、1980、1986、1992、1999
看護学・保健学視学委員	2003

出典：文部科学省（2003d）より作成。

本ケーススタディでは当該実地視察実績を踏まえながら意見聴取を行い、以下のとおりまとめた[7]。

　国立Ｃ大学では、実施視察において重大な指摘事項を受けたことはなく、文部省との対応において、実状調査表の事前提出以外に、資料の追加提出が求められることはほとんどなかったとのことであった。ただし、小講座制から大講座制への移行、一般教育と専門教育のくさび型カリキュラムの編成、卒業単位数が124単位を大きく上回っていること、シラバスの徹底、旧キャンパスにおける建物施設のスペースの問題などについて指導助言があった。

　1980年代の某学部の視学委員実地視察では、講評終了後に、情報処理系センターの省令化、その後の共同研究系センターに当たる附属施設の設置に向けた助言、すなわち、将来的な概算要求事項に関する情報交換が行われた記録が残っている。

　国立Ｃ大学の元担当者に拠れば、視学委員制度全般の印象として、大学設置基準大綱化以前、さらには1990年代後半の教養部廃止以前の時代においては、大学設置・学校法人審議会や視学委員による実地視察を通した指導助言の影響が大きかったということであった。そのことは、逆にいえば、当時は視学委員以外に質保証のための制度が存在しなかったためでもあったが、概して事務局サイドにとって、視学委員実地視察への対応は大きなプレッシャーであり、重要な事項として捉えられていたという。

②国立Ｄ大学

　国立Ｄ大学の視学委員実地視察実績は分野ごとに**表4-10**のとおりである。国立Ｄ大学については、当時の担当者からの意見聴取を行っていないが、大学文書資料館に視学委員関係書類が保管されており、当該関係書類には実状調査表のほか、実地視察時の公表メモなど詳細な資料が整理され、同大学での対応ぶりが十分に把握できる状況にあった。

　本ケーススタディでは当該実地視察年度資料を中心に考察を進める[8]。

　私立大学の事例に見られるような大きな改善充実要望事項は見受けられな

第4章　視学委員制度の運用　113

表4-10　国立D大学における視学委員実地視察実績

実地視察した視学委員	実地視察実施年度
教養教育視学委員	1996
文学視学委員	1993
法学・政治学視学委員	1974、1981
経済学・商学視学委員	1975、1998
理学視学委員	1966、1988、1999
工学視学委員	1985、2001
農学視学委員	1963、1966、1968、1972、1978、1988
医学視学委員	1961、1964、1972、1984、1994
薬学視学委員	1961、1966、1972、1982、1989、1995、2002
看護学・保健学視学委員	1963、1966、1984、1996

出典：文部科学省(2003d)より作成。

いが、α学部における老朽設備の改築に係る指導が複数回にわたって行われたこと、β学部における教員の欠員状況の改善の指摘などが主なものであった。視学委員による講評では、リーディング大学として専門教育のモデルの提示を要望する指摘があり、大学が担うべき機能に応じた指導助言がなされていたことが垣間見られる。

　国立D大学の保存資料に拠れば、1980年前後の視学委員実地視察の記録を見ると、視学委員又は随行の文部事務官との意見交換がなされており、視学委員実地視察自体が外部評価というよりも内部指導的なニュアンスを多分に含んでいた印象を受ける。

③その他の特徴的事例

　さらに他の国立大学では、視学委員が実地視察に際して、当該大学の組織改組について具体的に指導、言及したケースがある。

一つは、宮崎大学と鹿児島大学の獣医学科再編整備に絡む視学委員の指導助言である。その経緯について、1983年5月17日参議院文教委員会での宮地政府委員の答弁では次のように述べられている。

> 従来獣医師の関係者からは、その間修業年限の延長問題については、常に議論といいますか要望がなされておりまして、私どももその学術会議の勧告も受けまして、文部省としても具体的に、たとえば文部省の視学委員あるいは調査会等を煩わしまして検討を進めまして、修業年限延長ということについて大方の合意が得られましたので、ただいま五十三年度から暫定的な措置としての修士課程活用による修業年限延長ということに踏み切ってきたわけでございます。
>
> その審議の際にも、やはり基本的には学部六年制が望ましいということが言われておったわけでございまして、その後の経過としては、関係者等で議論をしていただきました結果をごくかいつまんで申し上げますと、農学関係学部の中の一学科として行われているものが多いわけでございますが、これらの学科を、国立大学について言えば十大学にあるわけでございますけれども、統合して獣医学部としてそれぞれブロックごとに置くというようなことが途中言われたわけでございますが、(以下略)
> （参議院1983）

獣医学科の再編問題は、従来4年制の獣医学教育では教育内容上に問題があり、6年制に延長する声が大きかったことに端を発している。この問題を解決する目的で、1971年11月に日本学術会議が勧告した「獣医学修業年限の延長について」を受けて、1978年の獣医師法の改正により、大学院修士課程積み上げ方式による6年教育を受けた者に国家試験受験資格を付与することとなり、さらには、1984年の学校教育法の改正により、医学、歯学と同様の6年一貫教育の整備が実現した。この過程で、1974年4月には、文部省獣医学視学委員会が獣医学教育に関する14講座案を文部省大学局長に報告

している。

　獣医学教育制度改革とともに、全国に点在する獣医学系の学部・学科を再編しようとする動きが生じ、「宮崎大学における獣医学科再編整備問題の経緯」（宮崎大学農学部獣医学科1999）によれば、その一環としてたとえば宮崎大学には獣医学視学委員が1974年、1976年と立て続けに訪れ、宮崎大学と鹿児島大学にある獣医学科の統合、具体的には、獣医学科を再編して学部に昇格することが検討課題となったが、地元側からの存置を求める強い要望もあり、統廃合は実現せずに終わった[9]。

　もう一つは、金沢大学総合大学院設置構想に絡む視学委員の指導助言である。同大学の青野茂行元学長が自然科学研究科の設置構想を回想し、「昭和49年に文部省の視学委員による理学部の実地視察が行われた際、視学委員から、理学部、薬学部、工学部の教官と教育学部、教養部の自然科学系教官を合わせて、学部から独立した後期3年の博士課程の設置構想が示唆された」（金沢大学50年史編纂室1998）とコメントしている。こうした示唆を受けた後に、同大学では、1985年に薬学研究科生命薬学専攻（博士課程）、1986年に理学研究科物質科学専攻（博士課程）を設置し、1987年に後期3年の博士課程である自然科学研究科を改組設置することとなった（金沢大学50年史編纂委員会1999：992-1076）。

　文部省OBである大﨑仁氏へのインタビュー（本章第4節(1)）で、同氏は「組織再編や予算誘導等をすることは視学委員本来の機能ではなかったはずである」とコメントしているが、ここで取り上げた事例からは、視学委員が当該大学の組織改組に少なからぬ影響を与えた場合もあったことが窺える。

(3) ケーススタディから得られる知見

　本節におけるケーススタディから得られる知見として、いずれの大学においても、当時の事務担当者は、視学委員による実地視察を緊張を強いられるものとみなす一方で、それを組織改善にとって重要な機会と捉えていたことが挙げられるであろう。

私立大学の事例では、視学委員の指導助言を学内の教育研究組織改革等にうまく活用しようとした私立A大学の事例がある一方で、私立B大学の事例では、教員定員の充足に関する指導助言を通した法令遵守の徹底が図られながら、同大学内での対応の実態を通して視学委員による指導助言の効果に一定の限界があることが窺えた。

　国立大学の事例では、文書指導のほかに、新たな教育研究組織の設置の打診や省令施設等の概算要求事項の助言を受けるなど、当時、文部省の一組織として存在した国立大学に対する内部指導的側面を含んでいたことが窺えた。

　ケーススタディを通して、上述のように国立大学と私立大学のあいだで実地視察のもつ働きに若干の差異がみられたが、視学委員制度は、基本的に、視学委員規程が規定する範囲内で指導助言を行い、大学設置認可後の質保証機能として一定の役割を果たしていたということが出来よう。

第3節　視学委員経験者から見た視学委員制度

　本節では、視学委員としての職責に対する意識や指導助言の観点などに関し、視学委員経験者へのインタビュー調査を行うことを通して、前節の大学側の捉え方とは異なった観点から、視学委員制度の制度的意義や機能について考察する。

(1) 文学視学委員経験者の事例

　1997年度から2003年度までの期間において文学視学委員を務めた経験者へのインタビュー調査を行った。具体的な内容は以下のとおりである[10]。

　まず、視学委員実地視察の位置付けについて、以下のような指摘があった。

　　　設置審議会で設置基準をクリアした機関を対象に、その後の質保証を
　　行うことが目的であり、基本的には設置基準の遵守を第一に査定を行っ
　　ていた。設置基準に達しているか否かは、文部科学省の窓口で事務的に

チェックされ、視学委員会で検討した結果を口頭で注意し、基準違反の場合は、文書により高等教育局長名で改善の勧告を行った。

　ただし、設置基準はいわば最低基準であるから、それを高めるために改善をレコメンドすることも重要な機能であったと言ってよかろう。優れている点は褒め、さらに推進することを指摘し、思わしくない点は、改善を要請し、勧告を行った。

　数的基準ばかりでなく、分野別のスタッフの割合や年齢構成・男女構成など、全体にアンバランスなものがないか、専門的な立場から言及するように努めた。

　そのほか、視学委員会で印象に残った事項として、ＦＤ（ファカルティ・ディベロップメント）が努力義務化された前後の頃、視学委員の中でＦＤについて十分理解していない者がいたので、ある委員が文部省の大学課長から指名され、レクチャーをしていた記憶があるとのことであった。これに関連して、新しい制度が導入された時には、委員といえども様子が分からないことも少なからずあり、分からないままに対象大学を視察したケースもあった。そういう意味で、新しい動き（大学審議会等の動き）について、事前に大学課長等からのレクチャーがあり、議論したことは記憶に残っているとのことであった。

　視学委員の使命・任務については、視学委員規程が規定する範囲内での指導助言が行われた。文部省が設置段階で設定した基準を遵守し、一定の公的性格を維持するメカニズムが組み込まれた制度である以上、視学委員の役割には一定の制約があったのはやむを得ない。それ以外の種々の問題を視学委員のレベルで議論する場合には、比較的自由に意見を述べる空気は存在していると思え、必ずしも官僚的指導のメカニズムのみで機能したとは言えず、個々の視学委員の意見が反映されるシステムであったことの指摘もあった。

　視学委員の使命としては、個人的には、日本の高等教育の水準を国際的なレベルに到達させることが重要であると考え、その視点から発言し、現在の問題点や改善の方向性を指摘することに努めたが、最終的には委員同士で合

議したので、個人の主張が一人歩きすることはなかったとの見解を示された。

　視学委員の時代的な変化については、設置審議会と大学基準協会のアクレディテーションとは、車の両輪として機能することが想定されたが、実際には、大学基準協会は形骸化して、設置審議会の機能のみが一人歩きすることとなった。その点において、視学委員が一定の役割を果たしたことは疑えない事実であると指摘された。

(2) 薬学視学委員経験者の事例

　2001年度から2003年度までの期間において薬学視学委員を務めた経験者へのインタビュー調査を行った[11]。

　当該視学委員経験者は、2001年度に国立大学1件、2002年度に私立大学1件、2003年度に国立大学3件を実地視察し、いずれの場合も3名の委員で視察したとのことであった。ただし、実地視察において初めて、パートナーの視学委員や文科省担当者と会するという感じであり、視学委員としてそれ以外の会議参加はなかったという。

　視学委員としての観点は、入学定員の遵守、教員定員の充足が主たる事項であった。ただし、カリキュラム編成の問題について、ある大学の視察の際に、専門の授業科目全てが選択科目になっていたことについて、薬学部として履修すべき科目の位置付けなどを考えたときに、必修と選択の区分があってしかるべきであるとの指摘をしたとのことであった。

　指摘の内容については、当該大学の状況を踏まえながら行うように配慮していたが、大学によっては、視察当日の席上において、指摘事項(所見)に取り上げてほしいと要望されることもあった。その背景には、学内関係者のみで解決できない事項について、視学委員の指導助言を通して、改善充実を図りたいという意図が窺えた。

　例えば、いくつかの大学で、病院実習において、本来、薬学部と附属病院が調整すればよいことが、実際には薬剤部長の裁量によって決められるために、うまく運用できないケースがあった。病院実習については、薬草園の整

備等と違い、設置基準に特段の規定がないため、基準に則った整備が難しい面があった。

　視学委員制度の有効性は、やはり入学定員の遵守に対する指導にあり、私立大学を中心に定員超過による教育水準の低下が常々心配されていた。

　視学委員就任の経緯として、文部科学省による推薦によるものと思われ、視学委員に就任するということ自体は、学界において非常に権威のあることであった。

　実地視察に際しては、視察候補日の照会の後、実状調査票、視察の観点等が事前に送付されてきた。視察当日においては、文科省側からの特段の要望事項はなく、また講評後の「文書指導」又は「所見」の整理については主査に任されていた。例えば、FDや外部評価の実施等の指摘については、どちらかといえば、政府側の要望が働いていたようである。

　なお、この視学委員経験者は自身が薬学部長として視学委員実地視察に対応した経験ももっていた。その際には、指導助言があった事項のうち、教員組織の活性化、薬用植物園の標本整備、薬用植物園スペースの確保などに前向きに取り組んだとのことであった。また視察にたいしては、現場の教員以上に、事務局側が緊張感を持って対応していたように記憶しているとのことであった。

(3) 視学委員経験者の事例から得られる知見

　以上の視学委員経験者へのインタビュー調査から得られる知見として、2人に共通して挙げられていたことは、この制度が基準等に縛られずに、比較的自由な雰囲気の中で指導助言を行うことが出来るものであったということである。

　さらに文学視学委員経験者の事例からは、視学委員制度が制度的な制約を受けながらも一定の役割を果たしたことについて、肯定的な意見が伺えた。また、設置基準遵守はもとより、教育研究体制に対するバランスに配慮する意識がかなりあったということ、視学委員は必ずしも高等教育政策に明るい

わけではなく、場合によっては、レクチャーを通して、新しい情報の享受に努めていたことも明らかになった。

薬学視学委員経験者からは、視学委員に委嘱されること自体が権威であるということが伺えたとともに、実地視察前後に、視学委員会の招集・参加経験もなく、主査格の視学委員に依存した状況が伺えた。そういう点からは、視学委員が指導助言を行う立場としてのトレーニングを欠き、予備知識をもっていないという制度上の不十分さが感じられる。

第4節　政府関係者から見た視学委員制度

視学委員実地視察受審大学のケーススタディや視学委員経験者の事例に加え、文部科学省関係者のうち視学委員実地視察に関する政策責任経験者や実務担当経験者へのインタビュー調査を行う機会を得ることができた。政府側から見た視学委員制度の役割や機能が窺え、本章での考察を多角的な観点から行う上で重要である。

(1) 政策責任経験者の事例

文部省時代の大学課長（1971～1975）、高等教育局長（1985～1986）を歴任された大﨑仁氏に、視学委員制度を取り巻く当時の状況や同制度の有効性についてインタビュー調査する機会に恵まれた[12]。

同氏に拠れば、私立学校法の制度設計は、大学・学部・大学院の設置認可と閉鎖命令においてしか国が関与できないものとなっていたが、協議の義務付けの形で学科設置等についてもコントロールしていた。理工系学生増員を契機とする、いわゆる池正勧告により協議制を廃止とした。その代替措置として「視学委員の強化」を図ったと記憶している。

当時において、視学委員の指導助言という方法は、大学自治や私学の自主性の見地から、制度的に適当であったということであろう。そうはいうものの、視学委員は非常勤の公務員としてその職務に当たっていたことには注意

したい。ただし、視学委員による指導助言については、現実的には限界があり、客観的指標としては設置基準が遵守されているかということが主目的にならざるを得なかった。そうはいえども、私学振興助成法制定以前において、設置基準に基づく指導助言を行う視学委員の役割には、一定のチェック効果があったと思う。初等中等教育機関にしろ、大学にしろ、指導助言という形式では、具体的内容にまでは言及しないのが原則であった。

獣医学関係学部の再編統合などについては、視学委員実地視察を通して、文部省側の意向を伝える趣旨はあったかもしれないが、組織再編や予算誘導等をすることは視学委員本来の機能ではなかったはずである。

視学委員の今後についてお伺いしたところ、国立大学法人を対象とした法人評価制度においては、分野別評価が難しい。年度評価においても各学部等に及びにくい面がある。つまり、各学部等の質の向上に効果を与えることができない国公私立を通じた認証評価制度においても、部局ごとの評価の側面が薄い。JABEE（日本技術者教育認定機構）などのような専門分野ごとの評価が必要である。「評価」と「指導助言」の差異とは、「指導助言」は具体的内容に立ち入ろうとする透明性に欠けていること、基準が明確でないことであり、視学委員制度の機能は限定的にならざるを得なかった。そういう意味において、視学委員制度を旧来のまま再開することは難しいだろう。

最後に、大学評価以前の日本において、視学委員制度を受け入れるカルチャーがあったという指摘があったことは、戦前の教育制度の教訓や大学の自治等がある中で、戦後日本の高等教育の質保証システムとして、視学委員制度が一定の時期までは非常に適した制度であったと総括できるように考えられる。

(2) 実務担当経験者の事例

当時、文部科学省（文部省）高等教育局で視学委員関係の実務担当経験者複数名の方々に視学委員制度の方法論や機能についてインタビュー調査を行った[13]。

まず、視学委員による書類審査及び実地調査の方法論については、アクレディテーション等を参考にしたというようなことは特に認識していない。評価という事項もここ数年においてクローズアップしてきた事項であり、実施している内容が認証評価等と重複するという指摘は正しいが、具体的に評価という捉え方はしていなかった。

　視学委員実地視察そのものの目的については、設置基準遵守をチェックすることが主目的というよりも、あくまで、分野における専門的な指導、助言にあたることにあったというコメントがあったことは意外であった。ただし、実地視察の冒頭において、視学委員が「大学人として各種意見を述べさせていただく」といったニュアンスの言葉を述べており、大学人同士による教育内容等の意見交換を行い、それを通して各種改善に役立ててもらうという趣旨が強かったとの補足説明があった。まとめると、設置基準の遵守は当然との前提で、むしろ教育の質の向上に主眼を置いていたものであり、そのため、専門家の意見を参考にして分野の教育内容や教育方法、教育環境の整備などについても改善充実に努めてもらうことが目的であったと言えよう。

　そして、文部科学省の裁量として、定員超過、教員の欠員状況など、定量的な面において設置基準等に関する指導を行うが、視学委員の重要な役割は、専門的な所見を加えるなど、定性的な面にある。なお、文書指導した点で改善が見られない場合は、毎年通知を行うということであった。

　視学委員の機能については、文部科学省内では、有効に機能していたと認識しており、現在の認証評価以上に、ある意味で自由な意見交換が行えたのではないだろうか。認証評価においては、評価基準にどうしても縛られるところがある。

　実地視察に行うに際し、当該年度における観点を逐次追加し、必要な事項については、視学委員会での確認や資料提供を行った。視学委員には、専門的な見解だけではなく、大学として目的にかなった教育を行っているかなど、総合的な判断も行うこととされていた。

　視学委員実地視察結果の公開性が低かった点については、特に定めがなく、

説明責任、情報公開が取り立てて言われていなかった時代にあって、そのような働きかけ等もなかった。実地視察結果については、文書指導による改善を求められた事項以外については、文書による「改善充実」の指導事項ではないが、よりよい教育環境の構築のために努力してもらいたい事項ということで、委員の「所見」として指摘するにとどめ、大学の自主性にまかせていたとのことであった。

以上のように、視学委員制度は大学設置基準遵守の機能だけでなく専門家によるピア・レビューの要素を多分に含み、弾力的な制度であったが故に有効に機能したのではないかという肯定的な見解が示された。

(3) 政府関係者の事例から得られる知見

本節では政府関係者から視学委員制度の戦後における制度的運用の経緯やその後の具体的な運用実態を意見聴取することができた。政府関係者からの意見聴取を通して、視学委員制度が抱える制度的含意を把握することができた点が重要である。

特に、大﨑仁氏からは、池正勧告により学科設置等が大幅緩和された代替措置して視学委員制度が活用され、その後の機能強化・拡張の契機となった経緯を詳しくお聞きすることができた。そして、当時の設置認可行政において、視学委員制度という仕組みがうまく適合するものであったことを実感した。日本の高等教育システムの特性に関わる重要な事項である。

実務担当経験者からの意見聴取では、1990年代以降の制度的運用の精神をお聞きすることができたと判断している。設置基準遵守はもとより、視学委員の指導助言を通して、当該分野の教育内容や教育方法、教育環境の整備などについて改善充実を図るように促す機能が増していった印象を受ける。

政府関係者の間において、視学委員制度を過去の制度と捉える者もいるようであるが、今回の意見聴取にあるように、視学委員制度の運用に実際に携わった者にとっては、同制度を一定程度評価し、その制度的価値を認めていたことが窺われる。

第5節　小　括

　本章では、1991年の大学設置基準大綱化以降を中心に、視学委員制度の運用の特徴や具体的な対応について考察を行った。
　まず、視学委員制度の運用の特徴について、「実地視察」、「指導助言」、「改善充実要望事項の履行状況」の3点を中心に考察を行った。実地視察の実態を視察件数の推移や視察に際して提出義務がある実状調査表の項目の変化などに着目しつつ、大綱化以降の専門分野別の実地視察の制度的課題について明らかにした。視学委員制度の運用の仕組みは、基本的に、以下のようにまとめることができる。

　①分野別に年度ごとの実施視察対象大学を周期や設置者別バランスに応じながら選定。
　②実施視察受審大学に対して実地視察調査表の作成を文部科学省から事前依頼。
　③実地視察時には、大学側に上記実地視察調査表に基づき概要説明を求めるとともに、事前に視学委員側において視察の観点を用意。
　④指導助言においては文書指導と委員の所見を区別して運用し、高等教育局長名の文書指導については改善充実状況報告を義務付けるもの、委員の所見は大学の自主的向上を促すものとそれぞれを位置付け。
　⑤文書指導された事項については、当該大学側に改善充実状況報告書の提出を義務付け、一定期間内に改善が見られない事項については継続的に改善を促すシステム。

　このような運用の仕組みの中で、大綱化以降の視学委員による指導助言のあり方が大学の自主性を重んじた柔軟な対応を求められるようになったことのほか、これまで取り上げられることのなかった改善充実要望事項に対する

履行状況照会の仕組みについて実証的資料に基づき考察し、専門分野間の差異はあるにせよ、履行状況の把握が厳格に行われていたことを明らかにした。

　次に、実地視察受審大学のケーススタディや視学委員経験者へのインタビュー調査、更には、政府関係者へのインタビュー調査を通して、視学委員制度そのものがどのように評価されていたのかを明らかにした。本章第2節〜第4節で得られた知見を参考にし、関係機関・関係者ごとの視学委員制度に関する肯定的評価及び否定的評価の双方を**表4-11**のとおり整理した。実地視察受審大学のケーススタディでは、国立・私立の両者の事例において、視学委員実地視察自体が不定期なものではあったが、大学設置基準を遵守させる機能とともに、行政的かつ学術的な観点からの指導助言を通して、当該大学の教育研究活動の改善や組織の再編に大きな影響を及ぼしたケースも見られるなど、視学委員制度が大学設置認可後の質保証機能として一定の役割を果たしていたことが分かった。視学委員経験者へのインタビュー調査からは、視学委員に委嘱されることは一種の名誉であったが、委員が実地視察のためのトレーニングを受けておらず、指導助言を適切に行う資質を必ずしも十分に備えていなかった実態が窺えた。一方、実地視察の場面では、視学委員自身が当該分野の専門家として比較的率直に意見を述べることができる利点も存在したことが明らかになった。

　本章における以上のような考察を通して、視学委員制度が大学の質保証に一定の役割を果たしていたこと、さらに大学によっては、視学委員の指導助言を組織改革への起爆剤にしようとした事例があったことなどが明らかになった。しかし、他方で専門分野や時期にによってこの制度の運用の仕方には差異がみられた。また、指導助言に関する明確な基準の不在や改善充実要望事項に対する履行状況把握の仕組みの不明確さなど、今日の大学評価制度と比べれば、制度的欠陥を少なからず持った制度であったことも確かであった。

表4-11　視学委員制度に関する肯定的評価・否定的評価

区　分		肯定的評価	否定的評価
実地視察受審大学	私立A大学	●学内改革に活用しようとした点。 ●認証評価制度に比べ、評価項目や評価基準に縛られない自由度があった点。	―
	私立B大学	●視学委員制度の機能については一定のメリットはあり、特に、法令遵守という面において文部省によるチェック機能が働いていた点。	●視学委員による指導助言が十分な強制力を持たず、その対応が大学側の態度によって左右された点。 ●会計検査院などに比べると、実地視察に対する緊張感は低かった点や、分野において視察対象外の学部が存在し、すべての領域をカバーしていなかった点。
	国立C大学	●大綱化以前の時代においては、大学設置・学校法人審議会や視学委員による実地視察を通した指導助言の影響が大きかった点。 ●実地視察の講評のほかに、将来的な概算要求事項に関する情報交換が行われた点。	―
	国立D大学	●大学が担うべき機能に応じた指導助言がなされていた点。	―
	その他の特徴的事例	●宮崎大学と鹿児島大学の獣医学科再編整備に絡む視学委員の指導助言の事例。 ●金沢大学総合大学院設置構想に絡む視学委員の指導助言の事例	―

区　分		肯定的評価	否定的評価
視学委員経験者	文学視学委員経験者	●視学委員制度が制度的な制約を受けながらも一定の役割を果たした点。	●視学委員は必ずしも高等教育政策に明るいわけではなく、場合によっては、レクチャーを通して、新しい情報の享受に努めていた点。
	薬学視学委員経験者	●視学委員に委嘱されること自体が名誉であった点。	●実地視察前後に、視学委員会の招集・参加経験もなく、主査格の視学委員に依存した状況が伺えた点。
政府関係者	政策責任経験者	●当初において、視学委員への期待はあった点。文部省の干渉が大学自治の名の下に抵抗感があった中で、制度的に適当であった点。	●客観的指標としては設置基準が遵守されているかということが主目的にならざるを得なかった点。
	実務担当経験者	●視学委員制度は大学設置基準遵守の機能だけでなく専門家によるピア・レビューの要素を多分に含んだ点。	―

注
1 文部科学省関係者へのインタビュー調査は、2005年6月27日と2006年3月3日に実施した。
2 表4-1記載の分野別視学委員実地視察のほかに、1995年度から教養教育に関する視学委員実地視察が行われている。その実施件数は、「1995年度　7件、1996年度　6件、1997年度　14件、1998年度　13件、1999年度　9件、2000年度　8件、2001年度8件、2002年度　8件」である。
3 1989年度の薬学視学委員実地視察における視察の観点（例）の全文は以下のとおりである。
（視察の観点）（例）
 1 入学定員について
    入学定員が守られていない場合は、入学試験の受験機会複数化の関連もあり、次のような改善充実要望事項とする。
      1.1倍　以上　・・・「入学定員を守ること。」
    特に、志願状況に留意する必要がある。
    また、入学者選抜の方法に問題がないか調査することも必要である。
 2 教育課程について
    薬学部に複数の学科を置いている大学で、教育課程がほとんど同じに編成されている場合があるが、各学科設置の趣旨に照らし、各々の目的に応じた編成を行うよう要望する必要があるのではないか。
 3 単位数の取扱いについて
    単位数が整数化されていない科目については、他の分野との関係もあり、今後とも整数化するよう指導する必要があるのではないか。（1単位当りの時間数に留意すること）
 4 卒業所要単位数の取扱いについて
    卒業所要単位数が大学設置基準を大幅に上回っている場合の取扱いについては、必修科目、選択科目及び自由科目の区分、単位の計算方法等から教育課程が過密になっていないかどうかを調査する。
 5 推薦入学制度を取入れている大学の取扱いについて
    推薦入学制度を取入れている大学にあっては、その内容（入学定員に対する割合、推薦基準、納入金等）、方法（推薦を求める時期、募集要項での明示等）が適切でないと思われる場合には、特に慎重に聴取し、持ち帰るものとする。
 6 施設の視察について
    学内の施設の実地視察については、おおむね次の施設について調査する。
    研究室、実習室、実験室、機器室、講義室、図書室、標本室、薬品庫、動

物飼育室、薬用植物園、廃棄施設設備等
　　なお、調査の順序等については、大学が決める。
　7　動物飼育室のあり方について
　　　動物飼育室のあり方については、動物の運搬や管理等の観点から、薬学部独自にも100坪（約330㎡）程度の動物飼育室は必要であるとされているので、視察委員の意見を聴くこと。（一般に国立は、RI施設を含めて他学部との共同利用化がとられている。）
　8　大学院について
　　　大学院における学生の入学状況は、特に私立大学では充足率が低いので注意を要する。また、博士課程については、入学者が著しく低い場合があるので、理由及び対策をきく必要がある。大学院の入学定員については、定員を充足していない場合でも口頭による指導事項に留め、改善充実要望事項としての通知は行わないものとする。

4　ケーススタディに関する訪問調査に用意した質問事項は以下のとおりである。
質問事項：
　(1) 日本の高等教育史において、視学委員制度に関する言及が非常に少ないわけであるが、私立大学サイドとして、視学委員制度そのものについてどのような位置付けで捉え、どのような印象を持っておられたか、お聞かせ願いたい。
　　　また、視学委員実地視察による指導助言に対して、具体的にどのようなフォローアップ対応をしていたか、お聞かせ願いたい。
　(2) 視学委員実地視察に関する対応体制（事前の調査表作成、当日の対応等）についてお聞かせ願いたい。
　　　もし、数回の対応経験がおありであるなら、専門分野間による差異や年度による視察方法の変化など、お気づきの点があればお聞かせ願いたい。
　(3) 視学委員は、実地視察に際して、文部省から指示により幾つかの観点を決めて対応していたようであるが、指導助言のあり方についてお気づきの点があればお聞かせ願いたい。
　　　また、設置基準遵守のための指導助言のほか、教育研究組織再編に関する提案などを受けるケースがあったかについてお伺いしたい。
　(4) 2004年度の認証評価制度の導入により、視学委員制度は運用されない状態にあるが、視学委員が果たした役割や機能について、大学基準協会の存在なども含めて、お気づきの点があればお聞かせ願いたい。
5　私立A大学への訪問調査は、2010年7月10日に実施した。

6 　私立B大学への訪問調査は、2010年4月14日に実施した。
7 　国立C大学への訪問調査は、2010年8月5日に実施した。
8 　国立D大学での資料収集は、2010年4月20日に実施した。
9 　1977年3月15日付け『宮崎日日新聞』1面に「獣医学部を宮大に」という見出しで、3月定例県議会の一般質問に関する記事が掲載されたほか、『宮崎県議会史』第16集によると、同年3月30日の県議会において「宮崎大学農学部獣医学科の存置拡充と新学部設立に関する決議」が行われており、当時の宮崎県側の強い要望が窺える。
10 　文学視学委員経験者へのインタビュー調査は、2006年1月12日に実施した。
11 　薬学視学委員経験者へのインタビュー調査は、2010年7月9日に実施した。
12 　大﨑　仁氏へのインタビュー調査は、2010年4月13日に実施した。
13 　文部科学省関係者へのインタビュー調査は、2005年6月27日と2006年3月3日に実施した。

第 5 章　視学委員制度から認証評価制度へ

　本章では、1990年代後半以降の第三者評価制度の提言、規制改革の流れを沿った官民の役割分担などの政策動向を受け、視学委員制度が新たな局面を迎え、同制度が運用されない状態に至ったプロセスに焦点を当てて考察する。具体的には、2000年前後から、新たな高等教育の質保証システムの構築が求められる中で、従来の視学委員制度による指導助言機能に代わり、第三者機関である認証評価機関が自らの評価基準に基づいて適格判定を行う認証評価制度が導入されることとなった。

　また、視学委員制度が機能停止の状態となった以降、設置認可制度との関係性において公的な質保証システムのあり方について議論が生じ、質保証に果たすべき政府の役割が問い直されている点についても言及する。

第1節　第三者評価制度と規制改革の波

　喜多村（1977：121）が「戦前期の旧制大学のチャータリング方式から、チャータリング機能とアクレディテーション機能との分離へと転換した戦後の設置認可方式は、アクレディテーション機能が働かないままに実質的にはチャータリング機能だけが残り、そのまま今日に至っている」と指摘したように、1956年の大学設置基準省令化以降の質保証システムは、実質的には設置認可制度がアクレディテーション機能をも包含した形でその効力を発揮していた[1]。

　第3章で論じたところであるが、1980年代の臨時教育審議会における議論を契機にアクレディテーションの必要性が改めて認知され、特に大学基準協会では視学委員制度を巡る議論を通して、アクレディテーションへの理解が図られた。大学基準協会（1983）は、大学設置基準について、大学、学部、学科を設置するために必要な最低基準であるとともに、第1条第3項前段に規定する水準維持機能が大学設置後の視学委員による実地視察をもって担保されている一方で、同項後段に規定する水準向上機能は、その趣旨から「大学基準協会等他の機関の『向上基準』に委ねるのが相当である」との問題提起を行った。大学基準協会においては、臨時教育審議会における議論以前から、大学設置基準に照らして、視学委員制度の機能と自らが取り組むアクレディテーションの機能との違いを明確化しようとする意思が存在していた。

　臨時教育審議会（1986a）が大学団体によるアクレディテーションの実施を促した背後には、設置認可後の質保証は大学同士のピア・レビューに委ねるべきとの思惑があった。1991年の大学設置基準大綱化により、各大学における自己点検・評価の実施が努力義務化され、自己点検・評価報告書が各大学の手によって定期的に公表されるようになった。1990年以前には、大学が自らの営為を反省的に眺めるシステムが制度化されておらず、アカウンタブルなシステムがなかったということが言えよう。

その後、第三者評価制度が必要とされるようになった背景には、既存の自己点検・評価の在り方の見直しや欧米の高等教育システムの先行事例の影響とともに、政府行政機関が行政改革の一環として、社会への説明責任の観点から行政評価・政策評価の導入の必要性に迫られていたことに注意しておきたい。

大学のパフォーマンスを評価しようとする文化が希薄であった日本の高等教育システムにおいて、1980年代の臨時教育審議会の議論、1990年代の大学審議会の議論などを通して、自己点検・評価、第三者評価という概念が浸透し、法制化されるようになった。その背景には、新自由主義的発想による規制緩和、行政評価といった政策動向との連動性があったことも無視できない。大学評価の手法の導入と規制緩和による官民の役割分担の明確化の動きは、高等教育の質保証システムを大きく変えた。視学委員制度の存在意義が問われ、最終的に認証評価制度に取って代わられることは時代の趨勢であった。

第2節　視学委員制度の機能停止と認証評価制度の発足

本節では、視学委員制度が機能停止に至る過程を考察するとともに、認証評価制度導入による質保証システムにおける役割分担、設置認可制度の緩和とアフターケアの強化の現状などについて考察する。

(1) 視学委員制度の機能停止に至る過程

中央教育審議会(2002)は、規制改革の動きと連動して、政府による設置認可行政を緩和し、事前規制型から事後チェック型へという考えのもと、設置認可後の質保証について、客観性を保つ観点から第三者による評価制度の整備が必要であるとした。本答申は、官民のシステム全体で大学の質を保証していく必要性を言及しており、このことは、政府による指導助言の形態をとる視学委員制度そのものの存在意義を問うものであった。

時を同じくして、総務省（2002b:103）は、**表5-1**のとおり、視学委員の活動状況を調査し、8種類の視学委員が休眠状態にあることを明記し、「文部科学省は、視学委員制度の合理化を図る観点から、長期にわたり視学委員が任命されておらず、休眠状態になっている分野については廃止する必要がある。また、視学委員制度については、平成15年度に施行される違法状態の大学に対する是正措置と16年度に創設される第三者による認証評価制度との関連を踏まえ、その在り方を抜本的に見直す必要がある。」（総務省2002a）という厳しい指摘を行った[2]。

新たな質保証システムの整備の機運が高まる中で、文部科学省は、視学委員制度の存在意義を社会的に明示するため、省内の政策目標「個性が輝く高等教育の推進と私学の振興」のうち、「大学などにおける教育研究機能の充実」という項目において、「各大学におけるファカルティディベロップメント、厳格な成績評価（GPA）等の教育内容・方法の改善などに取り組む大学を増加させる」具体的方策として以下のように言及している。

　　大学の教育内容・方法については、平成3年の大学設置基準の大綱化以降、各大学の自主性及び創意工夫のもと、ファカルティディベロップメント（教員の授業内容・方法を改善し、向上させるための組織的な取組）や少人数教育、学生による授業評価など様々な取組を通じて教育研究の充実を図っているところであり、その取組数も年々増加している。しかしながら、厳格な成績評価などまだ十分な取組が進んでいないものもあることから、これらについても一層の取組の促進が必要である。
　　各大学が社会のニーズに応じて創意工夫により充実した教育研究を行うように、審議会の答申等の提言内容を各会議等を通じて周知するとともに、各大学のカリキュラム改革等の進捗状況に係る調査の公表、視学委員実地視察などを通じてこれらの取組を促している。
　　今後、大学における教育研究機能の一層の充実のため、法科大学院を含む専門職大学院（仮称）の制度設計、設置認可の弾力化、第三者評価制

表5-1 休眠状態の視学委員の状況等

視学委員の種類	休眠状態の視学委員の状況等
一般教育視学委員	平成3年の大学設置基準の大綱化により一般教育科目、専門教育科目等の授業科目の区分に関する規定を廃止したため、平成3年度以降、委員の任命は行われていない。
獣医学視学委員	実地視察の対象大学が16大学(うち私立大学は5大学)であり、指導助言に基づく大学の取組が効果を発揮するまでの期間を置かずに次の実地視察を行うことは効果的でないことなどから、平成9年度以降、委員の任命は行われていない。
教員養成視学委員	教員養成学部は国立大学において設置されているのが実情であり、その教育内容や水準が全国で著しい格差を生じないよう、国が一定の基準、指針に基づいて整備している面があることから、これまで委員の任命は行われたことがない。
家政学視学委員	家政学分野については、学部・学科の改組や名称変更等により学際的分野となるなど、対象大学が減少してきたため平成3年度以降、委員の任命は行われていない。
芸術視学委員	芸術分野については、対象大学が限定されることから、平成2年度までは、芸術分野を有する大学について、いわゆる一般教育科目の一環として一般教育視学委員による実地視察を実施していたため、芸術視学委員の任命は行われたことがない。
体育学視学委員	体育学分野については、対象大学が限定されることから、平成2年度までは、体育学分野を有する大学について、いわゆる一般教育科目の一環として一般教育視学委員による実地視察を実施していたため、体育学視学委員の任命は行われたことがない。
短期大学視学委員	平成10年10月の大学審議会答申「21世紀の大学像と今後の改革方策について」において、短期大学の制度上の位置付け等について今後検討することから、一部分野(看護学及び保健学分野)を除き、平成12年3月以降、委員の任命は行われていないが、平成14年度は新たに任命する予定。
高等専門学校視学委員	昭和62年度以降、委員の任命は行われていない。なお、平成10年10月の大学審議会答申「21世紀の大学像と今後の改革方策について」において、高等専門学校の教育の在り方等について更に検討を行うことが必要とされたことから、現在、同審議会の審議状況等を見守っている。

出典) 総務省 (2002b:103)

度の導入等の制度の改正を進めていくものとしている(文部科学省2002)。

　文部科学省(2003f)でも同様の言及が見られるが、それ以降の実績評価書では、視学委員に係る言及は見られなくなる[3]。既述の総務省による勧告や認証評価制度の具体化により、視学委員制度の運用や位置付けを抜本的に見直す必要性が生じたためである。

　総務省による勧告を受けて、2003年7月7日付けで文部科学省が総務省に対して行った回答文書(総務省2003)では「視学委員の在り方については、来年度から施行される認証評価制度の運用の定着状況を見つつ、是正措置との関連を踏まえ、検討する予定」と明記されたほか、その1年度の2004年8月12日付けで文部科学省が総務省に対して行った、その後の改善状況に係る回答文書(総務省2004)では以下のとおり具体的な改善の方向性が明記された。

　　従来は大学の教育面での法令違反状態や運営の不適切さを指摘することを中心的業務としていた視学委員の在り方を抜本的に見直し、今後は、大学教授等の幅広い専門家の協力を得つつ、広く一般に紹介すべき教育・研究上の先進的・意欲的な取組を発掘する方向に活用することとしたい。
　　同時に、実地視察対象大学についても、従来はすべての大学を数年間かけて実施することとしていたが、今後は特に実地に視察すべきと判断される大学に絞って実施するよう見直すこととしたい。(総務省2004)

　当時の文部科学省内での視学委員制度の捉え方について、実務担当者にインタビュー調査したところ、「2003年に総務省の勧告に対する文部科学省側の回答を行って以来、文部科学省内では具体的な検討を行っていない。担当者レベルの議論では、例えば、大学への是正措置に係るパトロール機能としての役割などの案が出たが、現状において、あくまで、現在の認証評価制度の動きなどを見定めてから判断するという感触である」との説明を受けた[4]。

総務省による勧告を契機に、文部科学省内では、視学委員制度の継続的運用に向け、「先進的・意欲的な取組を発掘する方向に活用することとしたい」（総務省2004）といった意見など、実務者レベルでの議論が多少あったようであるが、認証評価制度の導入や法令違反措置に関する規定整備の制度設計の中で、視学委員制度の機能が停止することとなったと考えられる。

　2003年3月31日付け学校教育法の改正により、認証評価制度について規定されるとともに、法令違反の大学等に対し、改善勧告、変更命令、学部等の組織の廃止を命ずる措置を段階的に講じることができる「法令違反措置」について規定された。併せて、同日付文部科学省告示第44号において、設置認可後の年次計画の履行状況の報告等が規定された。これらの法令整備は、認証評価制度に関する規定が2004年4月1日施行、それ以外の規定が2003年4月1日施行となった。

　このような新たな質保証システムの構築は、従来、設置認可行政の枠組みの中で、政府が設置認可後の年次計画の履行状況調査と完成年度以降の視学委員制度の運用により質保証してきた仕組みを改めた。すなわち、政府が担うべき責任範囲を設置認可後の年次計画の履行状況を把握する「アフターケア」とともに、従来、閉鎖命令しか規定されていなかった法令違反措置を段階的に実施できるように整備した。特に、「アフターケア」の機能については、2005年7月に大学設置・学校法人審議会大学設置分科会の下部組織として年次計画履行状況等調査委員会（現・設置計画履行状況等調査委員会）が設置され、その機能が強化・明確化されることになった。履行状況調査を書面調査、面接調査、実地調査により段階的に実施し、大学等に付した留意事項等について公表されることとしたのである。

　新たな質保証システムの構築において、所轄官庁として文部科学省が担う「アフターケア」「法令違反措置」と認証評価機関が担う「認証評価制度」との役割分担が図られたわけであるが、2004年の認証評価制度導入前後の質保証システムの変化を概念図で示すと図5-1及び図5-2のとおりとなる。

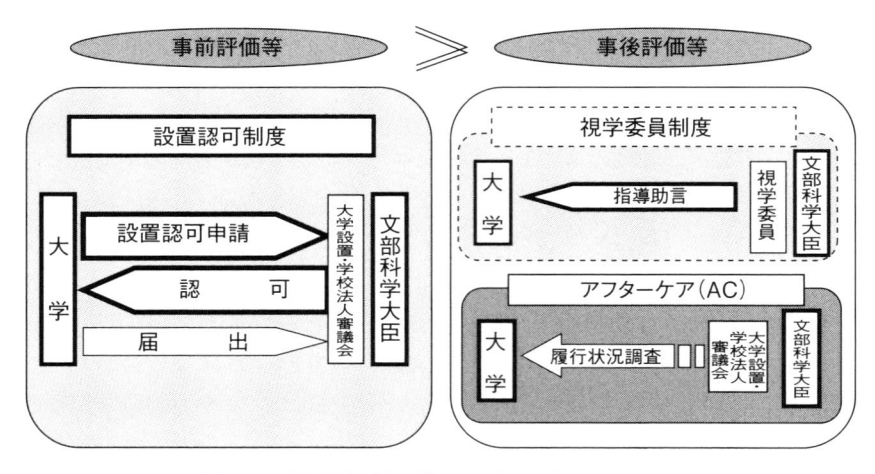

図5-1　認証評価制度導入以前の質保証システム

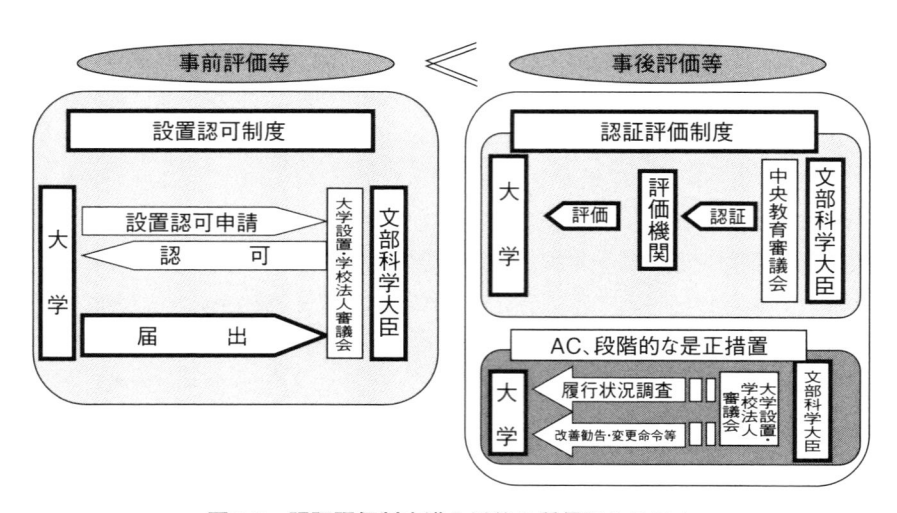

図5-2　認証評価制度導入以後の質保証システム

出典：中央教育審議会（2005）基礎データ「3.高等教育の質の保証」を基に、筆者が作成。

(2) 認証評価制度発足後の質保証システムと視学委員制度

　視学委員制度の機能停止と認証評価制度の発足に伴って、既述のとおり、新たな質保証システムが整備された。これに伴って、政府が関与する設置認可制度と完成年度までのアフターケア制度に大きな変化が生じた。

　まず、設置認可制度は、従来、大学等を設置する場合は認可制としていたが、学問の進展や社会の変化等に対応した、より機動的で弾力的な組織改編を可能とするため、学部・学科等の設置に当たって、学問分野を大きく変更しない場合には、認可を必要とせず、文部科学大臣への届出で足りることとした。このいわゆる届出制の導入は2004年度から適用され、大学の組織再編は大幅に促進された。表5-2に示すとおり、届出の総件数は2004年度以降、2006年度をピークに減少傾向にあるが、組織改編全体に占める届出件数の比率は増加傾向にあり、2010年度では76.6％という高い数字を示すに至っている。

　次に、完成年度までのアフターケア制度については、設置認可制度の緩和や2003年度以降の構造改革特区による株式会社立大学の制度化に伴って、設置認可申請の不備等が指摘される事態を受けて、改革を迫られることとなった。特に、2005年11月28日付けで大学設置・学校法人審議会会長が、申請者に対する十分な事前準備のための注意喚起、文部科学省に対する改善のための取組検討についてコメントを公表し、「設置認可後の年次計画履行

表5-2　設置認可・届出の総件数の推移（単位：件数）

開設年度	2003年度	2004年度	2005年度	2006年度	2007年度	2008年度	2009年度	2010年度
認　　可	277	196	127	126	110	87	78	66
届　　出	1	276	265	356	243	258	235	216
設置認可・届出総数	278	472	392	482	353	345	313	282
届出比率（％）	―	58.5	67.6	73.9	68.8	74.8	75.1	76.6

出典）文部科学省（2010a）より作成。

状況調査の充実」として、設置届出の場合を含め設置計画及び留意事項の履行の状況について報告を求め、又は調査を実施できる旨明確化した。すなわち届出設置された教育研究組織についても政府によるアフターケアの対象とすることとした。2005～2010年度の設置計画履行状況調査の実施状況は**表5-3**のとおりである。

以上のように、設置認可制度における届出制の導入などにより、事前評価の緩和が図られたが、他方で事後評価として完成年度までのアフターケアの

表5-3　2005～2010年度の設置計画履行状況調査（アフターケア）の実施状況
(単位：件数)

	2005年度	2006年度	2007年度	2008年度	2009年度	2010年度
設置計画履行状況調査						
書　面　調　査	582	459	375	338	1,266	1,071
面　接　調　査(内数)	31	35	38	32	34	41
実　地　調　査(内数)	30	41	29	44	45	37
法科大学院設置計画履行状況調査						
書　面　調　査	74	74	42	29	18	6
面　接　調　査(内数)	23	12	12	10	1	0
実　地　調　査(内数)	28	6	50	0	0	0
教職大学院設置計画履行状況調査						
書　面　調　査	—	—	—	19	24	23
面　接　調　査(内数)	—	—	—	0	0	0
実　地　調　査(内数)	—	—	—	19	24	13

出典）文部科学省（2005－2011）により作成。このうち、2007年度より、届出制により設置された教育研究組織のアフターケアについて、届出制度の課題等を検証するため、対象校を数校選定して試行が始められ、2009年度より、2007年度以降に設置された学部等（953件）すべてに対して報告を求めて実施されるに至った[5]

強化と透明化が進んだ。このことは、かつて完成年度以降の質保証装置としての役割が期待されていた視学委員制度の機能停止を契機として、その機能的代替物としてのアフターケアの強化・透明化が進んだと解釈することができるだろう。

　しかし、視学委員制度の果たしていた機能がそこですべて代替されているわけではない。2008年10月開催の第71回中央教育審議会大学分科会では、大学設置・学校法人審議会がまとめた資料「設置基準と設置認可の現状と課題について」が提示され、「設置計画履行状況調査によって最低限の質を担保するとともに、分野別認証評価システムの構築や文部科学省の視学委員制度の復活等によって、設置認可後の教育研究の質の維持・向上を図り、設置の前後を通じて、『担保』と『向上』の両側面から『質の保証』を図ることが必要」と、視学委員制度の復活への言及があった（中央教育審議会大学分科会 2008）（傍点引用者）。この背景には、設置認可制度の緩和によって、例えば株式会社立大学の事例に見られるように、本来担保すべき最低限の質の維持が困難になっているとみなされていることに加え、機関別評価を主体とする認証評価制度ではカバーできない専門分野別評価の必要性から、専門分野別の指導助言を行っていた視学委員制度の機能の有効性が指摘されたのではないかと推察される[6]。しかしその後の議論において「視学委員制度の復活」がさらに検討された形跡はみられない。

　周知のように、2008年7月に閣議決定された『教育振興基本計画』を受けて、文部科学大臣から中央教育審議会に「中長期的な大学教育の在り方について」諮問がなされている。具体的な検討は中央教育審議会大学分科会に付託され、これまで四度にわたって報告書が公表されたが、そこでは公的な質保証システムの構築が重要な課題として取り上げられ、①最低基準を定める「設置基準」、②最低基準の担保のための「設置認可審査」、③設置後の「認証評価」の3つの要素を明記し、認証評価制度の導入や設置認可制度の緩和によって生じた問題点を洗い出し、これらの関係を再検討する作業が進められている。そして上述した「視学委員制度の復活」をめぐる議論も、この検討

作業の中でなされたものであった。

　我が国において政府がコントロールする形での高等教育の質保証が長きにわたって続いたこと、言い換えれば、評価制度の導入・定着が遅く、視学委員制度が2003年度まで運用されていた歴史的経緯を考えたとき、質保証システムにおける事前評価と事後評価の関係、官民の役割分担や大学内部の質保証システムの自律性の確保といった課題解決には今後も相当の時間を要するように思われる。そして、そこにおいて視学委員制度のもった機能が姿を変えて「復活」する可能性は決してないわけではないだろう[7]。

第3節　小　括

　本章では、認証評価制度導入を契機とした高等教育の質保証システムの動向について、視学委員制度が機能停止に至った過程とともに、認証評価制度導入以降の視学委員制度に関わる動きについて考察した。

　第一に、視学委員制度が機能停止に至る前提条件として、第三者評価制度の必要性や規制改革の影響といった高等教育の質保証システムを取り巻く状況について明らかにした。1980年代の臨時教育審議会の議論、1990年代の大学審議会の議論などを通して、自己点検・評価、第三者評価という概念が浸透し、法制化されるようになった。新自由主義的発想による規制緩和、行政評価の必要性といった動向に影響を受けながら、新たな高等教育の質保証システムの構築、すなわち、認証評価制度の整備が図られた。そのプロセスにおいて、視学委員による指導助言が果たすべき役割が不明確となり、従来から一部の分野において十分に機能していない実態も指摘され、視学委員制度そのものの制度的価値が失われることとなった。

　第二に、視学委員制度が機能停止に至る過程に着目し、その具体について明らかにした。

　2004年の認証評価制度導入に伴う質保証システムは、事前評価と事後評価の適切な役割分担と協調による質の保証を謳い、政府が担う「アフターケ

ア」「法令違反措置」と認証評価機関が担う「認証評価制度」という役割分担が明確化されたことが重要な点であると指摘した。その上で、視学委員制度が機能停止の状態となったことに伴い、設置認可制度の緩和に伴う届出制の導入やそれに伴うアフターケアの強化の実態について言及した。

　第三に、認証評価制度の運用を受けて、設置基準、設置認可審査、認証評価の関係性を中心とした公的な質保証システムの課題が生じ、当該議論の中で、「視学委員制度の復活」といった指摘がなされたことに着目した。その背景として、設置認可制度と認証評価制度の関係性が十分に議論されないままに認証評価制度が導入されたこと、大学内部の質保証の仕組みの構築が新たに求められていることなどを踏まえながら、視学委員制度を含めた日本の高等教育における質保証システムの歴史的経緯を踏まえた対応の必要性を指摘した。

注

1　金子（1991）は、戦後の日本の高等教育の質保証について、「戦後に導入された適格認定制度はその時点での高等教育の構造的特質として定着するべくもなく、高等教育システムにおける評価機能は、設置認可の形をとる統制理念による評価と、講座を単位とするアカデミックフリーダムの形をとる自主性理念にもとづく評価の、両極に分解した」としている。

2　総務省（2002a）は、平成13年度における視学委員の任命・活動状況について、「大学については10種類の分野で121名が任命されているが、一般教育視学委員、獣医学視学委員、教員養成視学委員、家政学視学委員、芸術視学委員及び体育学視学委員の6種類の分野では5年以上の長期にわたり委員が任命されておらず休眠状態にあり、また、短期大学視学委員（看護学、保健学分野を除く。）及び高等専門学校視学委員についても委員が任命されておらずほぼ同様な状態にある」と指摘している。

3　以下の抜粋のとおり、2002年度の政策評価関連書類においては、視学委員実地視察について言及されているが、2003年度に至るとその記述は見られなくなる。

『政策評価の結果の政策への反映状況報告－平成14年度－』（文部科学省2003e）
　　○　各大学が社会のニーズに応じて創意工夫により充実した教育研究を行うよ

うに、審議会の答申等の提言内容を各会議等を通じて周知し、各大学のカリキュラム改革等の進捗状況に係る調査の公表、視学委員実地視察などを通してこれらの取組を促進

『文部科学省実績評価書 －平成14年度－』（文部科学省2003f）
　大学の教育内容・方法については、平成3年の大学設置基準の大綱化以降、各大学の自主性及び創意工夫のもと、ファカルティディベロップメント（教員の授業内容・方法を改善し、向上させるための組織的な取組）や少人数教育、学生による授業評価など様々な取組を通じて教育研究の充実を図っているところである。
　我が省においては、各大学が社会のニーズに応じて創意工夫により充実した教育研究を行うように、審議会の答申等の提言内容を各会議等を通じて周知するとともに、各大学のカリキュラム改革等の進捗状況に係る調査の公表、視学委員実地視察などを通じてこれらの取組を促しており、各大学における取組数は年々増加しているところである。

『文部科学省実績評価書 －平成15年度－』（文部科学省2004）
　大学の教育内容・方法については、平成3年の大学設置基準の大綱化以降、各大学の自主性及び創意工夫のもと、ファカルティディベロップメント（教員の授業内容・方法を改善し、向上させるための組織的な取組）や少人数教育、学生による授業評価など様々な取組を通じて教育研究の充実を図っているところである。
　我が省においては、各大学が社会のニーズに応じて創意工夫により充実した教育研究を行うように、審議会の答申等の提言内容を各会議等を通じて周知するとともに、各大学のカリキュラム改革等の進捗状況に係る調査の公表などを通じてこれらの取組を促しており、各大学における取組数は、⑥指標の欄のとおり、年々増加しているところである。

4　文部科学省関係者へのインタビュー調査は2006年3月3日に実施した。
5　完成年度を迎えたもののうち、留意事項を付した大学等について当該留意事項の履行状況に対する報告・調査を行っており、文部科学省（2005－2011）に拠れば、2006年度43件、2007年度49件、2008年度42件、2009年度63件、2010年度175件を数える。
6　巻末の資料5に掲載したように、文部科学省初等中等教育局が所掌する視学委員が2007年度から運用されるようになり、2007年6月21日付け文部科学

省初等中等教育局長決定で初等中等教育局視学委員規程が新たに定められた。2006年7月11日付けで公表された中央教育審議会答申『今後の教員養成・免許制度の在り方について』において、教職課程に係る事後評価機能や認定審査の充実を図ることが明記され、教職課程認定大学実地視察規程の改正により、同実施視察について教員養成部会及び課程認定委員会の委員のほか、初等中等教育局視学委員が新たに加わることとなった。

　教職課程認定大学の実地視察における視学委員の活用では、教職課程認定という適格判定を受けた大学の当該課程の水準が維持されているかをチェックするために視学委員がその役割を果たしている。視学委員が専門分野別評価において一定の役割を果たしうる事例として捉えることができよう。

7　文部科学省関係者へのインタビュー調査は2011年10月7日に実施した。現状の視学委員制度について、「視学委員規程は改正されないまま存在するが、制度自体は運用されておらず、今後の運用方策についても具体には検討されていない」、「ただし、今後の状況によっては、従来の機能を変えて、視学委員制度を運用する可能性は十分に考えられる」との回答を得た。

終　章

　本章では、まず、序章で示した研究の枠組みを踏まえながら進めてきた第1章から第5章までの考察を要約する。その上で、それぞれの章で得た知見をもとに、日本の高等教育における質保証装置として一定の機能を果たしてきた視学委員制度の位置付けを改めて明確化する。

　戦前期・戦後期にかけて、日本の高等教育は、設置基準や設置認可行政のほか、資格試験制度や入学試験制度をもってその水準を維持してきた。これら諸制度を補完するように、視学委員制度は、戦前期の私立医歯薬系専門学校の無試験免許審査から戦後期の各分野別の指導助言へと対象を広げながら、制度的充実が図られた。設置認可後の質保証に係る認識が希薄な時代にあって視学委員制度が果した機能は、少なからぬ限界をもっていたにしても、決して無視できないことを結論として論じたい。

　最後に、今後の研究課題として、視学委員制度に関連した政府関係文書や大学側関係文書の継続的な資料探索、視学委員制度運用の背景に潜む政府と大学自治の関係の探究、初等中等教育を含めた教育行政的観点からの研究アプローチの必要性、設置認可制度、国家試験制度など、政府が担う他の公的な質保証システムと関係付けた

探究、海外事例との比較研究の必要性に言及し、本研究の結びとしたい。

第1節　本研究の要約

　本研究では、高等教育における視学委員制度研究として、戦前期から戦後期にわたる長い期間わたって運用されてきた視学委員制度の制度的沿革と機能について追究してきた。

　序章では、日本の高等教育における視学委員制度について制度的沿革と機能を中心に考察を行い、それが高等教育の質保証システムとして果たした役割を明らかにすることが本研究の目的であることを明示した。前提条件として、問題設定とその背景、さらには本研究の対象について言及した。また、先行研究における成果と課題についてレビューした上で、具体的な研究方法として、国立公文書館所蔵の政府文書、文部科学省関係資料、各学校史、伝記類等を手掛かりとした文献研究を基本に、視学委員による実地視察を受審した大学への訪問調査（インタビュー調査及び資料調査）のほか、視学委員経験者や文部科学省担当者へのインタビュー調査を通して、視学委員制度の運用の実態やその機能を分析することとした。また、研究の枠組みとして、戦前期・戦後期で時期区分を整理したほか、各時期区分ごとの分析の観点（パラメーター）を明示した。

　第1章では、戦前期の高等教育における視学委員制度が、私立医歯薬系専門学校の無試験免許指定審査における実地視察や生徒試験の実施を担っていた実態を明らかにした。これまで、私立医歯薬系専門学校関連の学校史等において、当時の無試験免許指定に係る断片的記述が見受けられたが、改めて体系的に整理し、その全体像を把握することができた。加えて本考察を通して、大正後期から昭和初期にかけての私立医学専門学校を中心とした指定審査過程の厳格化について明らかにしたほか、同時期における私立医歯薬系専門学校の量的拡大や営利主義的学校経営の顕在化に着目しながら、「インチキ学校征伐」へと社会問題化していく中での統制機能としての視学委員の役割も明確にした。さらには、戦中期の視学委員制度の運用についても言及し、

私立医歯薬系専門学校の無試験免許指定審査に係る機能を担う一方、軍部による思想統制手段という異なった機能を担った事実についても明らかにした。

第2章では、戦後における視学委員制度の制度的性格の変化とその展開に焦点を当てながら考察した。占領期における視学委員の委嘱過程を公文書等に拠りながら実証的に明らかにするとともに、「医学視学委員内規」の整備などの措置をとりながら、専門学校の大学昇格に向けた実地視察等に視学委員制度が運用された実態を明らかにした。これまでGHQ資料によって僅かながらに示されていた事実について、日本の政府文書を通して、具体的な視学委員の委嘱過程や名簿等を明らかにし、この時期の視学委員制度の機能を明確に位置付けた。また、サンフランシスコ講和条約以降の高等教育政策において、文部省の復権が進む中で、大学設置基準省令化直前の1955年に文部省視学委員規程が制定されたことや、それ以降の同規程の改正履歴を辿ることを通して、医学等の特定分野以外の分野にも視学委員が拡充され、当該分野の教育研究を中心とした指導助言を行う機能を担ったことを詳述した。更にその後の視学委員制度の整備拡充の要因について考察し、1961年の池正勧告を契機とする私立大学の拡充緩和策に対して大学教育の水準の維持向上を視学委員の指導助言によって図ろうしたことを明らかにした。一方、1960年代以降の視学委員制度の実態を考察することを通して、視学委員による指導助言が各機関の改善充実に一定の効果を果たしながらも、法的拘束力を欠いたことや不定期な実地視察の実態など、いくつかの制度的課題を抱えていたことを言及した。

第3章では、臨時教育審議会答申を契機とした大学基準協会のあり方検討の議論において、アクレディテーションと視学委員制度の制度的意義や制度的差異への理解深化の過程に焦点を当てた。具体的には、大学基準協会内において、視学委員制度の移管や廃止といった議論から、視学委員制度との併存の中で自らのアクレディテーション構想を実現する方向に議論が移行していったことを明らかにした。また、日本の高等教育における質保証システムの展開を考えたとき、臨時教育審議会を契機とした大学基準協会内での視学

委員制度を巡る議論が重要な意味を持っていたことを示した。すなわち、こうした大学基準協会内での議論は、質保証装置としての視学委員制度の存在意義が大学関係者の間で初めて大きく問われたという点において注目に値する。さらにそれは、その後、大学基準協会のアクレディテーション構想が相互評価制度へと結実するとともに、政府と認証評価機関の機能分化によるアクレディテーションとアフターケアの制度的分化が図られていく端緒であったと捉えることもできると論じた。

　第4章では、1991年から2004年までの視学委員制度の運用について、実地視察・指導助言・改善充実要望事項に対する履行状況の3点を中心に政府関係資料及び関係者へのインタビュー等に拠りながら詳述した。実地視察の実態については、1991年の大学設置基準大綱化以降の実地視察件数が減少傾向を示していたことのほか、実地視察に必要な実状調査表の調査項目が大きく多様化し、新たに学生インタビューが取り入れられる等の変化が生じた。指導助言の実態については大綱化以降の指導助言の観点が大きく多様化し、当該大学には文書指導のほか、委員の所見が新たに通知される仕組みとなった。改善充実要望事項に対する履行状況把握の仕組みについては専門分野間で対応が異なっていたが、1990年以降はどの分野でも定期的に履行状況が把握される仕組みが確立していった。次に、実地視察受審大学のケーススタディや視学委員経験者へのインタビュー調査を通して、大学側が視学委員実地視察を通した指導助言を尊重し、大学組織や教育制度の改善に積極的に活用しようとする姿勢を見出すことができた。また、視学委員自身は、明確な評価基準等が存在しない中で、比較的自由な雰囲気で指導助言ができる環境にあった一方で、指導助言者としての専門性を欠いている面があったと評価していることも明らかになった。

　第5章では、視学委員制度の機能停止と認証評価制度の導入に焦点を当てながら考察を行った。1998年の大学審議会答申において第三者評価制度の導入が提言された後、政府による規制改革の動きに連動し、2002年の中央教育審議会答申において官民のシステム全体で大学の質を保証していくシス

テムの構築が提言された。いわゆる事前規制型から事後チェック型へという考えの下、質保証における国の関与が謙抑的であることが求められ、設置認可行政が緩和されることとなった。新たな質保証システムの構築によって、認証評価機関が担う「認証評価制度」と文部科学省が担う「アフターケア」「法令違反措置」との機能分化が明確に図られ、このような制度的転換に伴い、視学委員制度は機能停止の状態に至った。加えて、機関別評価である認証評価制度の導入後、設置基準、設置認可制度との関係性を含めた公的な質保証システムのあり方の議論が生じており、その中で視学委員制度の復活について言及されるなど、視学委員制度の今後の可能性に言及した。

　以上のように、本研究では、高等教育における視学委員制度を取り上げ、同制度の制度的沿革と機能を詳述すべく、戦前期の私立医歯薬系専門学校の無試験免許指定審査の役割に始まり、戦中期、占領期を経て、2004年度の認証評価制度導入時まで制度的性格を変えながら、運用されてきた事実を考察し、明らかにしてきた。

第2節　視学委員制度の特徴と意義

　本研究は、日本における視学委員制度の展開とその機能を明らかにしようとするものであるが、その作業は同制度それ自体の研究であるに留まらず、質保証システムの日本的構造に関する一考察でもあると考え、本研究を進めてきた。戦前期から脈々と続いてきた視学委員制度が、高等教育を取り巻く環境の変化の中で、2000年前後まで一定の役割を果たしてきた事実は、これまでの高等教育研究の視野に全くといってよいほど入ってこなかったのであり、日本の高等教育システムの全体像を描くに際して、決して無視することはできないと考えたからである。

　序章で研究の枠組みとして提示したように、時期区分ごとに、視学委員制度の運用目的、運用主体、運用対象、根拠法令等、評価基準、運用サイクルを整理すると、**表6-1**のとおりとなる。なお、当該時期区分は、同じく序

表6-1 視学委員制度の特徴の時期別推移

観点 時期区分	運用目的	運用主体	運用対象	根拠 法令等	評価基準	運用 サイクル
戦前期	事前評価	視学委員 (政府)	私立医歯薬系専門学校	文部省督学官及び文部省視学委員学事視察規程	指定規則 (インプット)	審査時
戦後期 ①	事前評価	視学委員 (政府)	医・歯・薬・獣医系専門学校	医学視学委員内規、歯科医学視学委員内規	判定基準 (インプット)	審査時
戦後期 ②〜⑤	事後評価	視学委員 (政府)	大学、短大、高等専門学校	文部省視学委員規程	大学設置基準 (インプット)	不定期

章で提示した戦前期と戦後期5区分(①占領下の視学委員制度運用期、②1955年文部省視学委員規程制定以降の視学委員制度拡充期、③1980年代の臨時教育審議会を契機とした視学委員制度再考期、④1991年大学設置基準大綱化以降の視学委員制度弾力的運用期、⑤2000年以降の視学委員制度から認証評価制度への転換期)である。

この表からは以下のようなことが改めて見えてこよう。

戦前期から戦後期①(＝占領期)にかけては、視学委員制度は指定学校認可や大学昇格認可といった適格判定たる事前評価の機能を果たし、かつ、その運用対象も医歯薬系に特定されていた点が特徴として挙げられる。すなわち、非常に限定的な制度であったということが出来よう。

そのような限定的な制度であったはずの視学委員制度が大きく変化するのは、1961年の池正勧告を契機としたいわゆる学科増設及び学生定員変更の事前届出制の導入が要因であり、それに伴い視学委員制度はその対象分野を大きく広げることとなった。すなわち、国公私立の大学・短大・高等専門学校に対して当該設置基準を目安に指導助言を行う制度となり、その制度的性格も事後評価へと変わった。この時期に至ると、視学委員制度は幅広く高等

教育機関全般を対象とした制度となり、その特徴として、複数の側面を備えていたことに注視しておく必要があろう。第一に設置基準に照らした定員超過、教員充足、施設整備・図書等に関する定量的な指導助言、第二にカリキュラム編成や教員配置の適正を中心とした専門分野別ピア・レビュー、第三に設置認可、概算要求などを含めた組織再編等に関する行政的助言がある。このうち第一・第二の特徴は、関係法令等に規定された、いわば公式的な目的・機能であったが、第三点目は、前二者とは異なり、個別大学のケースに応じた非公式的側面における特徴であった。

戦前において、「国家ニ須要ナル学術ノ理論及応用ヲ教授シ並其ノ蘊奥ヲ攻究スル」ことが大学の目的であった時代には、国家権力による統制的な形での教育の質保証は自然の理であった。しかし、戦後の新制大学誕生、さらには、大学設置基準の省令化後、高等教育政策は大学の量的拡大に力点が置かれ、マスプロ教育という言葉が象徴するように、教育研究の質が厳格に問われることのない時代が長く続いた。そのような時代にあって、入学定員の大幅超過、大学の適正な管理運営体制、教員組織の整備充実を中心に指導助言を不定期ながら行った視学委員の役割は、当時の高等教育を取り巻く環境において、微力ながら高等教育の質保証の一役を担っていたと言うことが出来る。

戦後期の大学自治を巡って政府と大学がしばしば対立した時期において、視学委員による指導助言という形式は、高等教育機関の質保証を維持する手段として非常に適していたと指摘することができる。すなわち、この制度は、同じ大学人である視学委員が実地視察、指導助言するという形式をとることで、文部省による管理監督というニュアンスが薄まり、戦後教育行政の基本原則である教育者・被教育者の主体性を尊重した「指導行政の重視」（木田1983：42）を体現するものであったからである。特に、私学助成が法制化されるまでの期間、私立大学に対するいわゆる"ノーサポート・ノーコントロール"の政策方針が続く中で、視学委員制度によって、国公私立大学の隔てがなく、キャンパスに足を踏み入れて実地視察することを可能としたこと

自体、質保証装置として絶妙な仕組みであったと評価できるのではなかろうか。

この点について、文部省OBの大崎仁氏に行ったインタビュー調査で、同氏は、大学自治意識が堅固な時期に、視学委員による指導助言という制度的形態が戦後期の文部行政からみて、一定の限界がありながらも有効であったと証言している。

> 当時において、視学委員の指導助言という方法は、大学自治や私学の自主性の見地から、制度的に適当であったということであろう。そうはいうものの、視学委員は非常勤の公務員としてその職務に当たっていたことには注意したい。ただし、視学委員による指導助言については、現実的には限界があり、客観的指標としては設置基準が遵守されているかということが主目的にならざるを得なかった。そうはいえども、私学振興助成法制定以前において、設置基準に基づく指導助言を行う視学委員の役割には、一定のチェック効果があったと思う。(第4章第4節(1)再掲)

このように戦後期の長きにわたって運用されてきた視学委員制度が2004年の認証評価制度導入を契機に、機能停止の状態に陥った背景として、アカウンタビリティ・メカニズムとしてはかなり根本的な限界をもっていた点を指摘しておく必要がある。すなわち、視学委員による指導助言内容やその改善状況を公表することは求められておらず、公開性の低い制度であったということができる。このほか、実地視察自体が不定期にしか行われず、しかも実地視察対象となる専門分野が限定的であり、専門分野によってはほとんど委員の委嘱が行われないなど、制度の運用がその時々の文部省担当者の意向に委ねられた、安定性を欠いた質保証メカニズムであったことも制度的限界として指摘できる。さらに、先に言及した設置認可、概算要求などを含めた組織再編等に関する行政的助言の機能は、ある意味において、行政の意図を大学に押しつける手段としての側面を持ち得たことも否定できない。そして、

何よりも、実地視察を踏まえた文書指導が当該大学に対して行われていたとはいえ、その指導が法的拘束力を欠いていたことは大きな制度的限界であったことは否めない。

今日のように、教育研究情報や財務情報の公表が法定事項化し、社会へのアカウンタビィリティを通して質保証を図ろうとする方向性が強まる中で、視学委員による指導助言という形式が、事後評価としての役割を果たすことに耐えられなくなったと解釈することができよう。

第3節　今後の研究課題

本研究を通して、高等教育における視学委員制度の制度的沿革を明らかにするとともに、時代的背景や関連する諸制度との関係性にも考慮しながら、同制度が果たしてきた機能について考察を行ってきた。しかし、以下のようにやり残した研究課題も少なくない。

第一に、視学委員制度の制度内容を探究するために必要な政府関係文書や大学側関係文書が依然として不足していることは否めない。今後の更なる研究を通して、当該資料の掘り起こしや関係者へのインタビュー調査などを継続的に行い、本研究内容の充実を図っていく必要がある。

第二に、視学委員制度が幾つかの制度的限界を抱えながらも、長年にわたり運用されてきたことの意味と背景について、本研究では十分に論じきれなかった。特に、その背後には、政府と大学自治の関係という大きなテーマが潜んでいると考えられる。その点を今後も追究し、高等教育に関わる視学委員制度の全体像を明らかにしていきたい。

第三に、本研究では、「視学委員制度」という具体的な制度にあくまで焦点を当ててきたが、より一般的な「視学inspection」という機能そのものについては十分に考察してこなかった。したがって今後は、初等中等教育も含めて、日本の教育行政全体の中における視学の機能について考察していく必要があると考えている。併せて、視学委員制度に類似した制度（例えば、学校法

人運営調査委員制度など）との比較検討なども必要であろう。

　第四に、視学委員制度は公的な質保証システムの一つと言えるが、設置認可制度、国家試験制度など、政府が担う他の公的な質保証システムとの関係性の中で、今後における視学委員制度の可能性について考察していくことが必要であろう。

　第五に、視学委員制度に関連する海外事例を収集し、当該国における質保証システムでの役割や効果など考察することを通して、質保証システムとしての視学inspectionの制度的位置付けについて、国際的な視野に立って概念整理することが必要であろう。

　以上のように、取り上げるべき課題は少なからず残っている。今後も引き続き研究を進め、質保証システムとしての視学委員制度の位置づけとその意義についてさらなる検討を行いたいと考えている。

資 料 集

資料1　関係法令等一覧

　ここでは、戦前期から戦後期にかけての視学委員制度に関連する法令等を以下のとおりまとめた。

　なお、当該法令等は、文部省(1949：127-163)掲載の附録一「関係法規条文等」を参照し、さらに、文部省(1937)、近代日本教育制度史料編纂会(1957)、現代日本教育史料編集委員会(1984－86)、文部省編(1997)等により補ってまとめた。

戦前における制度沿革関係法令等
1　視学官、視学委員の設置に関する法令等
【中央組織の制度】

- 1872(M5).8.3　学制制定
  「第十五章　大学本部毎ニ督学局一所ヲ設ケ督学ヲ置キ附属官員数名を之ニ充テ本省ノ意向ヲ奉シ地方官ト協議シ大区中ノ諸学校ヲ督シ及教則ノ得失生徒ノ進否ヲ検査シ論議改正スルコトアルヘシ」

- 1873(M6).8.12　文部省職官改正
  「大中少督学ノ外大中少視学及書記ヲ置ク」

- 1886(M19).2.27　文部省官制
  「第五條　文部省ニ視学官ヲ置キ学事視察ノ事ニ従ハシム視学官ハ奏任トシ五人ヲ以テ定員トス」

- 1891(M24).8.17　文部省分課規程の制定
  「第四條　以上各課ノ外別ニ文部省ニ視学部ヲ置ク
  　視学部ハ視学官及視学委員ヲ以テ組織シ学事ノ視察及学校検閲ニ

関スルコトヲ掌ル」

【地方組織の制度】
- 1890(M23).10.6　小学校令制定
    「第六十六條　郡ニ郡視学一名ヲ置キ府縣知事之ヲ任免ス郡視学ハ府縣税ヲ以テ支弁スル郡吏員ト同一ノ待遇ヲ受クルモノトス」

- 1899(M32).6.15　地方官官制改正
    府県知事・郡長の補佐機関としての視学官、視学、郡視学を整備
    「第一條中参事官ノ次ニ「視学官」ヲ属ノ次ニ「視学」ヲ加フ
    第三條中参事官ノ下ニ「視学官」ヲ加ヘ左ノ但書を加フ（以下略）
    第四條に左ノ一項ヲ加フ視学ハ判任トシ其ノ定員ハ内務大臣及文部大臣之ヲ定ム
    （中略）
    第二十三條ノ二　視学官ハ上官ノ命ヲ承ケ学事ノ視察其他学事ニ関スル事務ヲ掌ル視学官ハ知事ノ命ヲ承ケ内務部第三課ノ課長ト為ル
    第三十條視学ハ上官ノ命ヲ承ケ学事ノ視察其ノ他学事ニ関スル庶務ニ従事ス
    第三十九條中郡書記ノ次ニ「郡視学」を加フ
    第四十八條　郡視学ハ一人判任トス郡長ノ命ヲ承ケ学事の視察其ノ他学事ニ関スル庶務ニ従事ス」

2　視学官、視学委員の職務に関する法令等
- 1908(M41).9.10　文部省視学官及び文部省視学委員職務規程制定
    「(略)
    第五條　文部省視学官ノ観察スヘキ事項ノ概目左ノ如シ
    　一　教育行政ノ状況

二　学校教育ノ状況
　　三　学校衛生ノ状況
　　四　学校経済ノ状況
　　五　学事関係職員執務ノ状況
　　六　教育学藝ニ関スル諸施設ノ状況
　　七　其ノ他特ニ指令ヲ受ケタル事項
第六條　文部省視学官視察中緊急処理ヲ要スト認メタル事項アルトキハ直ニ文部大臣ニ具申スベシ
第七條　文部省視学官ハ視察中左記ノ事項ニ就キ関係者ニ意見ヲ陳述スルコトヲ得
　　一　法令ニ抵触シタル事項
　　二　省議ノ決定シタル事項
　　三　教授方法ニ関スル事項
　　四　其ノ他特ニ指命ヲ受ケタル事項
第八條　文部省視学官視察上必要ト認メタルトキハ日課ヲ変更シテ教授ヲナサシメ又ハ生徒児童ノ学力ヲ試験スルコトヲ得
第九條　文部省視学官視察ヲ終リタルトキハ直ニ口頭ヲ以テ大要ヲ文部大臣ニ復命シ更に一箇月以内ニ復命書ヲ提出スヘシ
第十條　文部省視学官ハ省内ニ在リテハ其ノ担当スル地方部又ハ学校ニ関シ各局ノ事務ヲ助ク
第十一條　文部省視学官ハ文部大臣ノ命ヲ承ケ各局ニ属シ其ノ事務ヲ助ケ又ハ臨時諸般ノ調査ニ従事スルコトアルヘシ
第十二條　文部省視学委員ハ文部大臣ノ命ヲ承ケ主トシテ特ニ指示セラレタル学事ヲ観察ス
　　第六條乃至第八條ノ規定ハ文部省視学委員ニ関シ之ヲ準用ス」

- 1914(T3).4.30　文部省督学官及び文部省視学委員学事視察規程制定
「第一條　文部省督学官学事観察ヲ命セラレタルトキハ左記ノ事項ニ

就キ視察スヘシ
　一　教育行政ノ状況
　二　学校教育ノ状況
　三　学校衛生ノ状況
　四　学校経済ノ状況
　五　学校関係職員執務ノ状況
　六　通俗教育其ノ他教育学藝ニ関スル諸施設
　七　其ノ他特ニ指令ヲ受ケタル事項
第二條　文官視察中緊急処理ヲ要スト認メタル事項アリタルトキハ直ニ文部大臣ニ具申スヘシ
第三條　文官ハ視察中左記ノ事項ニ就キ関係者ニ與フヘシ
　一　法令ニ抵触シタル事項
　二　省議ノ決定ニ反シタル事項
　三　教授ノ方法ニ関スル事項
　四　其ノ他特ニ指命ヲ受ケタル事項
第四條　文部省督学官執務上必要ト認メタルトキハ日課ヲ変更シテ教授ヲナサシメ又ハ生徒児童ノ学力ヲ試験スルコトヲ得
第五條　文官視察を終リタルトキハ直ニ口頭ヲ以テ大要ヲ文部大臣ニ復命シ更に一箇月以内ニ復命書ヲ提出スヘシ
第六條　文部省視学委員ハ文部大臣ノ命ヲ承ケ特ニ指示セラレタル学事ヲ観察ス視学委員視察を終リタルトキハ一箇月以内ニ復命書ヲ提出スヘシ
　第二條乃至第四條ノ規定ハ視学委員ニ関シ之ヲ準用ス」

- 1930（S5）.6.21　私立薬学専門学校指定規則の一部改正
「第六條　文部大臣ハ文部省視学委員若クハ其ノ他ノ吏員ヲシテ試験ニ立会ハシムルコトアルヘシ
　前項立会員ニ於テ必要ト認ムルトキハ自ラ試験ヲ行ヒ又ハ試験問

題、試験方法若クハ採点方法ヲ変更セシムルコトアルヘシ」

- 1932(S7).12.27　私立獣医専門學校指定規則制定
  「第六條　文部大臣ハ文部省視学委員若クハ其ノ他ノ吏員ヲシテ試験ニ立会ハシムルコトアルヘシ
  　前項立会員ニ於テ必要ト認ムルトキハ自ラ試験ヲ行ヒ又ハ試験問題、試験方法若クハ採点方法ヲ変更更セシムルコトアルヘシ」

- 1937(S12).9.14　文部省督学官及び文部省視学委員学事視察規程の一部改正
  「一　文部省督学官学事視察ヲ命ゼラレタ時ハ左ニ付キ視察スヘシ
  　（一）我ガ国教育ノ本義ノ徹底ニ関スル事
  　（二）学事関係ノ人事ニ関スル事
  　（三）校風及校規ニ関スル事
  　（四）学校教育ノ内容ニ関スル事
  　（五）学校教育ノ組織、設備其ノ他諸施設ニ関スル事
  　（六）学校経済ニ関スル事
  　（七）地方学校行政ニ関スル事
  　（八）其ノ他特ニ指命ヲ受ケタ事項　　　（以下略）　」

戦後における制度沿革関係法令等
- 1946(S21).8.6　医学の視学委員内規制定
  「一　任務
  　　1　視学委員は文部大臣の命を承けて医学関係の大学専門学校を視察指導する。視察が終つた時は文書を以て視察状況を報告する。
  　　2　視学委員は医学教育について文部大臣の諮問に應じ又は意見を具申して医学教育の振興充実に努める。

二　視学委員数
　　視学委員は概ね二十名とし詮衡範囲は次の如くする。
　　　イ　大学医学部又は医科大学の教職員　　約十五名
　　　ロ　その他学識経験豊富な者　　　　　　約　五名
　三　詮衡の方法
　　文部省は医学部のある大学及医科大学に對して各三名以内の候補者の推薦を請ひこれと別に医学教育審議会の選んだ数名の候補者に就き医学教育審議会に諮問する。医学教育審議会はこれに応じ詮議の上約三十名の候補者を文部省に推薦する。文部省はこの推薦により詮衡決定する。文部省は右以外に自らの手で數名の視学委員の詮衡することがある。
　四　委嘱期間
　　委嘱期間は二年とし文部大臣がこれを委嘱する。二年の期間を終へた者でも前項の詮衡方法によつて選任せられた者は更に引続いて委嘱することを得る。委嘱の時期は毎年度始めを原則とする。補欠委員の委嘱詮衡は前任者の残余期間とする。」

- 1947（S22）.4.19　医学専門学校指定規則制定
「第一条　国民医療法施行令第一条第一号による文部大臣の指定は、この省令施行の際現に存する官立、公立又は私立の医学専門学校につきこれを行う。
　第二条　文部大臣が、前条の指定を行う場合は、文部大臣の定める医学視学委員に、これを諮問しなければならない。
　第三条　医学視学委員会は、昭和二十二年三月三十一日以後における修業年限五年の医学専門学校について、その指定の基準を定める。
　第四条　指定を受けた学校は、卒業者の本籍、氏名、生年月日及び各学科目成績を遅滞なく文部大臣に届出なければならない。

第五条　文部大臣は、指定を受けた学校が、成績不良と認めたときは、医学視学委員会に諮問してその指定を取消すことができる。」

- 1947（S22）.4.19　歯科医学専門学校指定規則制定
「第一条　国民医療法施行令第一条第一号による文部大臣の指定は、この省令施行の際現に存する官立、公立又は私立の歯科医学専門学校につきこれを行う。
　第二条　文部大臣が、前条の指定を行う場合は、文部大臣の定める歯科医学視学委員に、これを諮問しなければならない。
　歯科医学視学委員会は、指定の基準を定める。
　第三条　指定を受けた学校は、卒業者の本籍、氏名、生年月日及び各学科目成績を遅滞なく文部大臣に届出なければならない。
　第四条　文部大臣は、指定を受けた学校が、成績不良と認めたときは、医学視学委員会に諮問してその指定を取消すことができる。」

- 1947（S22）.11.15　文部省視学官及び視学委員視察指導規程について（文部次官通知）
「視学制度については、学制改革に伴い、新しい構想の下に、目下研究中であるが取敢えず別紙視察指導規程により学制改革の円滑な運営を期すこととしたので、御了知相成りたい。」

- 1953（S28）1.31　文部省設置法施行規則制定
「（初等中等教育局の視学官）
　第五条　初等中等教育局に視学官を置く。
　　2　前項の視学官は、上司の命を受け、初等中等教育に関し、連絡、指導に当る。
　　3　第一項の視学官の定数、選考基準、職務等については、別に文部大臣が定める。

（大学学術局の視学官）
第六条　大学学術局に視学官を置く。
2　前項の視学官は、上司の命を受け、大学教育又は学術に関し、連絡、指導に当る。
3　第一項の視学官の定数、選考基準、職務等については、別に文部大臣が定める。」

- 1955（S30）.2.9　文部省設置法施行規則の一部改正
「（大学学術局の視学委員）
第六条の二　大学学術局に視学委員を置く。
2　視学委員は、非常勤とする。
3　視学委員は、上司の命を受け、大学教育につき特に指定された事項に関し、指導、助言に当る。
4　視学委員の定数、選考基準等については、別に文部大臣が定める。」

- 1955（S30）.4.4　文部省視学委員規程制定
※　制定時の規程（1955年4月4日付け文大庶第175号）が管見に入らないため、最初の改正後の規程（1958年2月27日付け文大大第123号）を以下に掲げる。

「第1条　視学委員は、上司の命を受け、会議を開き、その議に基き、左の事項について、大学に対し、指導、助言に当る。
　一　学科、講座等の組織に関すること。
　二　教育課程の編制及び履修方法に関すること。
　三　施設、設備及びその管理に関すること。
2　前項の職務を行うに当り、特に重要な事項については、あらかじめ上司に具申するものとする。

3　第1項の規定により指導、助言した場合は、上司に対し、必要な報告をしなければならない。
　第2条　視学委員の種類は左のとおりとし、その総定数は70名以内とする。
　　医学視学委員
　　歯学視学委員
　　薬学視学委員
　　獣医学視学委員
　　看護学視学委員
　第3条　視学委員は、左に掲げる者のうちから、文部大臣が任命する。
　　一　大学の学長又は教授
　　二　学識経験者
　　三　関係各省庁の職員　」

- 1958(S33).11.10　文部省設置法施行規則の一部改正
「（初等中等教育局の視学委員）
　第五条の四　初等中等教育局に別に定める定数の範囲内で視学委員を置く。
　2　視学委員は、非常勤とする。
　3　視学委員は、上司の命を受け、初等中等教育につき特に指定された事項に関し、指導、助言に当る。」

- 2001(H13).1.6　文部科学省視学委員規程
　※ 2001年の省庁再編に伴う規程改正を経て、以下のとおり現在に至る。

「第1条　視学委員は、次の事項について、大学、短期大学又は高等専門学校に対し、専門的な指導、助言に当たる。

一　学部、研究科等の教育研究組織に関すること。
　二　教員組織に関すること。
　三　教育課程に関すること。
　四　施設、設備等に関すること。
2　視学委員は、必要に応じ会議を開き、文部科学大臣に対し、大学、短期大学又は高等専門学校に関し、前項各号に掲げる事項について意見を述べることができる。
第2条　視学委員の種類は、次のとおりとし、その総数は210名以内とする。
　大学
　　一般教育視学委員
　　文学視学委員
　　法学・政治学視学委員
　　経済学・商学視学委員
　　理学視学委員
　　医学視学委員
　　歯学視学委員
　　薬学視学委員
　　看護学・保健学視学委員
　　工学視学委員
　　農学視学委員
　　獣医学視学委員
　　教員養成視学委員
　　家政学視学委員
　　芸術学視学委員
　　体育学視学委員
　短期大学
　　短期大学視学委員

高等専門学校
　高等専門学校視学委員
第3条　視学委員は、次に掲げる者のうちから、文部科学大臣が任命する。
一　大学及び短期大学の学長又は教授
二　高等専門学校の校長又は教授
三　学識経験者

- 2007（H19）.6.21　初等中等教育局視学委員規程

「(趣旨)
第1条　文部科学省組織規則第34条に規定する初等中等教育局視学委員（以下「視学委員」という。）の職務その他の事項については、この規定の定めるところによる。
(身分)
第2条　視学委員は、非常勤の一般職国家公務員とする。
(職務)
第3条　視学委員は、命を受けて、初等中等教育について、専門的、技術的な指導及び助言（スポーツ・青少年局の所掌に属するものを除く。）に当たる。
(委嘱)
第4条　視学委員は、学校教育、地方教育行政の職務経験者及び大学等の職員であって、専門的な知識、経験等を有する者のうちから委嘱する。
(任期)
第5条　視学委員の任期は、2年とする。
2　視学委員は、再任されることができる。
(庶務)
第6条　視学委員に関する庶務は、初等中等教育局初等中等教育企

画課において処理する。

(雑則)

第7条　この規程に定めるもののほか、視学委員の運用に関し必要な事項は、初等中等教育局長が別に定める。

附則(施行期日)

第1条　この規程は、平成19年6月21日から施行する。」

資料2　視学委員制度の変遷

本論での考察を踏まえながら、視学委員制度全般の変遷を設置法制関連、高等教育政策関連を参照しながら下表のとおりまとめた。

表7-1　視学委員制度の変遷

	視学委員制度関連	設置法制関連	高等教育政策関連
戦前期			
1872	●学制制定による督学官設置		
1873	●文部省職官改正による視学の設置		
1885	●文部省内に視学部を設置		
1899	●地方官官制により、視学官・視学・郡視学が府県知事・郡長の補佐機関として整備		
1902	●『哲学館事件』		
1903		●専門学校令、公立私立専門学校規程制定	
1905		●私立医学専門学校指定規則制定	
1906		●公立私立歯科医学校指定規則制定	●医師法、歯科医師法の制定により、私立医学・歯科医学専門学校卒業者に無試験免許付与可能
1908	●文部省視学官及び文部省視学委員規程学事視察規程制定		
1910			●薬品営業並薬品取扱規則の改正により私立薬学専門学校卒業者に無試験免許付与可能

資料集 173

	視学委員制度関連	設置法制関連	高等教育政策関連
1914	●文部省督学官及び文部省視学委員規程学事視察規程制定		
1918		●大学令制定	
1929	●医学視学委員の委嘱 ●視学委員実地視察の強化		
1932			●私立医科大学、私立医歯薬系専門学校の不正入学等の処分(「インチキ学校征伐」)
1933			●私立医歯薬系専門学校学生に対する国家試験実施
1935	●思想視学委員が委嘱され、高等学校に実地視察		
1936			●『教学刷新ニ関スル答申』
1939	●陸軍現役軍人を視学委員に委嘱、大学の軍教徹底		
1942	●視学官、社会教育官、教学官が教学官に一本化		
戦後期			
1945			●GHQによる教育改革、医療制度改革
1946	●医学の分野で視学委員委嘱 ●医学視学委員内規、歯科医学視学委員内規制定		
1947	●歯科医学、薬学、獣医学の分野で視学委員委嘱 ●新制大学昇格のための審査	●大学基準策定 ●学校教育法制定	●大学基準協会設立
1951			●サンフランシスコ講和条約

	視学委員制度関連	設置法制関連	高等教育政策関連
1953	●文部省組織規程において初等中等教育局及び大学学術局に視学官設置を規定		
1955	●文部省設置法施行規則において大学学術局に視学委員設置を規定 ●文部省視学委員規程制定（医、歯、薬、獣医、看護）		
1956		●大学設置基準省令化	
1958	●文部省設置法施行規則において初等中等教育局に視学委員設置を規定		
1961	●視学委員の増員（理学、農学、工学の視学委員を予算要求）	●私立大学の学科増設及び学生定員変更の届出制	●池正勧告
1965	●視学委員の増員（経済学、商学、家政学の視学委員を予算要求）		
1970	●私立大学等に対する指導及び助成に関する行政監察における視学委員制度への指摘		
1975	●視学委員資格者から政府関係者を削除		●私立学校振興助成法制定
1976		●私立大学の学科増設及び学生定員変更の許可制	●高等教育の計画的整備について策定
1983	●日本私学振興財団の業務運営に関する監督行政監察における視学委員制度への指摘		
1986			●臨時教育審議会第二次答申 ●大学基準協会に本協会のあり方検討委員会を設置

	視学委員制度関連	設置法制関連	高等教育政策関連
1991		●大学設置基準大綱化	
1995	●「文書指導」「委員の所見」について視学委員全体協議会申し合わせ		
1998			
2002	●私立学校の振興に関する行政評価・監視における視学委員制度への勧告		●中央教育審議会答申において大学の質保証に係る新たなシステム構築を提言
2003		●設置認可制度の弾力化（学位の種類及び分野の変更を伴わない等の一定の要件を満たす場合に事前届出制とする） ●法令違反の大学等に対する是正措置法令化 ●アフターケアの強化	
2004	（●これ以降、視学委員制度は機能停止）	●認証評価制度導入	
2008			●中央教育審議会大学分科会（第71回）にて、公的な質保証システムに関する議論、課題整理（※1）
2013			●中央教育審議会大学分科会大学教育部会（第25回）にて、大学の質保証システムに関する検討課題整理（※2）

注

※1　2008年10月29日開催の第71回中央教育審議会大学分科会において、「設置

基準と設置認可の現状と課題について」（大学設置・学校法人審議会まとめ）が提示されており、視学委員制度について、以下のとおり指摘がある。

 6．質の保証システムの構築に向けて
  ①設置計画履行状況調査によって最低限の質を担保するとともに、分野別認証評価システムの構築や文部科学省の視学委員制度の復活等によって、設置認可後の教育研究の質の維持・向上を図り、設置の前後を通じて、「担保」と「向上」の両側面から「質の保証」を図ることが必要。
  ②各大学の自発的な教育研究の質の向上を促すためには、設置認可申請書の基本計画書や教育課程の概要等の設置認可に係る書類や認証評価の結果等を大学ごとに整理してポータルサイトに掲載するなど、大学の基本情報の公開を徹底することが必要。

※2　2013年9月20日開催の第25回中央教育審議会大学分科会大学教育部会において、「大学設置・学校法人審議会審議事項の整理（大学の質保証システムに関する検討課題）」が提示されており、視学委員制度について、以下のとおり指摘がある。

 Ⅱ．設置認可後の質保証システムについて
 「3．大学の質の向上のため、設置認可の見直しと併せて、継続的に改善、充実を図っていくべき事項」：
  以下については、「設置認可の見直しと併せて継続的に改善・充実を図っていくべき」とされており、中央教育審議会や大学設置・学校法人審議会において、具体化に向けて検討を行う予定としている。
 (1)認可後の事後チェック機能の強化を含む、質保証のトータルシステムの確立：
  → 大学設置・学校法人審議会大学設置分科会及び中央教育審議会大学分科会大学教育部会において検討。
 【検討課題例】
 ・アフターケア（＝設置計画履行状況等調査）の在り方：
  アフターケア（以下ＡＣ）について、ＡＣと認証評価との空白期間の見直し及び連携の促進、ＡＣ委員会の審査運営・役割・権限等の明確化、及び学校教育法第95条を踏まえた同法第15条の勧告等の審議の在り方の整理などに関する制度の見直し。
 ・専門的な指導及び助言体制の在り方：

設置認可後の高等教育機関の質保証について、認証評価と文部科学省の指導・助言等に加えて、認証評価等の結果によって不適切な事例が判明した場合などに、私学の法人経営面の「学校法人運営調査委員」のように、教学面では「視学委員」の制度を活用することが考えられるが、その在り方を含め設置認可後のトータルの質保証システムの在り方。

資料3　分野別の視学委員の数と視学委員会の開催数の推移

表8-1 分野別の視学委員の数と視学委員会の開催数の推移

分野 年度	一般教育 委員数	開催数	文学 委員数	開催数	法学・政治学 委員数	開催数	経済学・商学 委員数	開催数	理学 委員数	開催数	家政学 委員数	開催数	工学 委員数	開催数
1953														
1954														
1958														
1959														
1960														
1961										10	1			9	1
1962														
1963	8	2							10	1			9	1
1964														
1965														
1966														
1967														
1968	9	2	14	3			10	2	10	3	10	1	11	1
1969	9	0	15	2	8	0	10	0	10	5			10	2
1970	9	1	15	2	8	1	9	2	10	2	10	2	10	2
1971	8	2	15	2	8	2	10	2	10	2	10	2	10	2
1972	8	(1)	15	(1)	8	(1)	10	(1)	10	(1)	10	(1)	10	(1)
1973	8	(1)	15	(1)	7	(1)	10	(1)	10	(1)	10	(1)	10	(1)
1974	8	(1)	15	(1)	7	(1)	10	(1)	10	(1)	10	(1)	10	(1)
1975	10	(1)	14	(1)	9	(1)	10	(1)	10	(1)	10	(1)	10	(1)
1976	10	(1)	14	(1)	9	(1)	10	(1)	10	(1)	10	(1)	10	(1)
1977	10	(1)	14	(1)	9	(1)	10	(1)	10	(1)	10	(1)	−	
1978	10	(1)	14	(1)	9	(1)	10	(1)	10	(1)	10	(1)	10	(1)
1979	10	(1)	14	(1)	9	(1)	10	(1)	10	(1)	10	(1)	10	(1)
1980	10	(1)	14	(1)	9	(1)	10	(1)	10	(1)	10	(1)	10	(1)
1981	10	(1)	14	(1)	9	(1)	10	(1)	10	(1)	10	(1)	−	
1982	10	(1)	12	(1)	8	(2)	9	(2)	9	(2)	7	(1)	10	(1)
1983	10	(1)	12	(1)	8	(1)	9	(1)	9	(1)	7	(1)	10	(1)
1984	10	(1)	11	(1)	8	(1)	9	(1)	9	(1)	8	(1)	10	0
1985	8	(1)	11	(1)	8	(1)	9	(1)	8	(1)	7	(1)	10	(1)
1986	8	(1)	11	(1)	8	(1)	9	(1)	7	(1)	7	(1)	10	(1)
1987	8	(1)	10	(1)	8	(1)	9	(1)	7	(1)	7	(1)	10	(1)
1988	8	(1)	10	(1)	8	(1)	9	(1)	7	(1)	7	(1)	10	(1)
1989	8	(1)	11	(1)	8	(1)	9	(1)	7	(1)	7	(1)	9	(1)
1990	8	(1)	11	(1)	8	(1)	9	(1)	7	(1)	7	(1)	11	(1)
1991	8	0	10	(1)	8	(1)	9	(1)	7	(1)	7	0	11	(1)
1992	8	0	10	(1)	8	(1)	9	(1)	7	(1)	7	0	11	(1)
1993	−		10	(1)	8	(1)	9	(1)	7	(1)	−		11	(1)
1994	−		10	(1)	8	(1)	9	(1)	7	(1)	−		11	(1)
1995	−		13	(1)	10	(1)	11	(1)	9	(1)	−		11	(1)
1996	−		13	(1)	10	(1)	11	(1)	9	(1)	−			
1997	−		13	(1)	10	(1)	11	(1)	9	(1)	−		10	(1)
1998	−		13	(1)	10	(1)	11	(1)	9	(1)	−		10	(1)
1999	−		13	(1)	10	(1)	11	(1)	9	(1)	−		10	(1)

出典：文部省（1956-1999）より作成。
※1972年以降の開催数欄については、『文部省年報』の記載方法の変更により、報告回数を指しており、括弧数字による表記とする。

資料集　179

分野 年度	農学		獣医学		医学		歯学		薬学		看護学・保健学		短大	
	委員数	開催数	委員数	開催数	委員数	開催数	委員数	開催数	委員数	開催数	委員数	開催数	委員数	開催数
1953			24	3										
1954			8	1	20	10	7	5	5	5				
1958			8	5							7	7		
1959					18	4	7	1						
1960			8	4	20 7	4 3	7	2	7	2	7	8		
1961	10	1	9	2	18	4	8	2	7	2	10	4		
1962											10	5		
1963					19	3	8	2	7	4	10	4		
1964	9	3	9	2							10	2		
1965	11	2	9	2							10	2		
1966	11	2	9	1							10	2		
1967	11	2	9	2							10	2		
1968	11	2	9	1	18	2	7	2	8	2	10	2		
1969	11	2			17	0	9	2	8	2				
1970	11	2	9	2	16	6	9	2	8	2				
1971	10	1	9	1	20	14	9	2	8	2				
1972	11	(1)	8	(1)	21	(1)	9	(1)	8	(1)	9	(1)		
1973	11	(1)	9	(1)	19	(1)	9	(1)	8	(1)	9	(1)		
1974	11	(1)	8	(1)	19	(1)	9	(1)	8	(1)	9	(1)		
1975	11	(1)	9	0	20	(1)	9	(1)	8	(1)	10	(1)		
1976	11	(1)	9	(1)	20	(1)	9	0	8	(1)	10	0	10	(1)
1977	11	(1)	9	(1)	20	(1)	9	(1)	8	(1)	10	(1)	19	(1)
1978	11	(1)	9	(1)	20	(1)	9	(1)	8	(1)	10	(1)	19	(1)
1979	11	(1)	9	(1)	20	(1)	9	(1)	8	(1)	10	(1)	10	(1)
1980	11	(1)	9	(1)	20	(1)	9	(1)	8	(1)	10	(1)	10	(1)
1981	11	(1)	9	(1)	20	(1)	9	(1)	8	(1)	10	(1)	10	(1)
1982	11	(1)	10	0	21	(1)	9	(1)	8	(1)	10	(1)	10	(1)
1983	11	(1)	10	(1)	21	(1)	9	(1)	8	(1)	10	(1)	10	0
1984	10	0	10	(1)	20	(1)	9	(1)	8	(1)	10	(1)	10	0
1985	10	(1)	-		22	(1)	9	(1)	9	(1)	10	(1)	10	0
1986	10	(1)	-		20	(1)	9	(1)	9	(1)	10	(1)	10	0
1987	10	(1)	-		20	(1)	9	(1)	9	(1)	10	(1)	10	0
1988	10	(1)	-		20	(1)	9	(1)	9	(1)	10	(1)	10	0
1989	10	(1)	-		18	(1)	10	(1)	9	(1)	10	(1)	10	0
1990	10	(1)	-		18	(1)	10	(1)	9	(1)	10	(1)	6	0
1991	10	(1)	-		18	(1)	10	(1)	9	(1)	10	(1)	6	0
1992	10	(1)	10	0	19	(1)	10	(1)	9	(1)	10	(1)	10	(1)
1993	10	(1)	10	(1)	19	(1)	10	(2)	10	(2)	10	(1)	6	(1)
1994	10	(1)	10	(1)	19	(1)	9	(1)	10	(1)	10	(1)	10	(1)
1995	10	(1)	10	(1)	19	(1)	9	(1)	10	(1)	10	(1)	-	
1996	-		10	(1)	19	(1)	9	(1)	10	(1)	10	(1)	10	(1)
1997	9	(1)	-		18	(1)	9	(1)	10	(1)	10	(1)	10	(1)
1998	9	(1)	-		18	(1)	8	(1)	10	(1)	10	(1)	10	(1)
1999	8	(1)	-		18	(1)	8	(1)	10	(1)	10	0	10	0

分野 年度	短大(文学) 委員数	開催数	短大(家政学) 委員数	開催数	高専 委員数	開催数	高専(工学) 委員数	開催数	高専(商船学) 委員数	開催数
1953										
1954										
1958										
1959										
1960										
1961										
1962										
1963										
1964										
1965					10	2				
1966			10	2						
1967			10	2			10	1		
1968			10	2			10	1		
1969			10	2			10	2		
1970			10	3			10	2		
1971	10	1	10	3	14	1				
1972	10	(1)	10	(1)			10	(1)	4	(1)
1973	10	(1)	10	(1)			10	(1)	4	(1)
1974	9	(1)	10	(1)			10	0	4	0
1975	9	(1)	10	(1)			11	0	2	0
1976							11	0	2	0
1977							11	(1)	2	0
1978					14	(1)				
1979					14	(1)				
1980					14	(1)				
1981					10	(1)				
1982					15	0				
1983					15	0				
1984					15	0				
1985					15	0				
1986					15	0				
1987					15	0				
1988					15	0				
1989					15	0				
1990					15	0				
1991					15	0				
1992					15	0				
1993					15	0				
1994					15	0				
1995					−					
1996					15	0				
1997					15	0				
1998					−					
1999					−					

分野 年度	教養教育に関する視学委員合同会議 委員数	開催数
1995	17	(1)
1996	17	(1)
1997	32	(1)
1998	29	(1)
1999	22	(1)

資料4　教職課程認定大学実地視察における視学委員の活用

　文部科学省視学委員規程に基づく視学委員実地視察が機能停止の状態に陥る一方で、文部科学省初等中等教育局が所掌する視学委員が2007年度から運用されるようになった。補足資料として、その経緯と実態について概略を紹介しておきたい。

　第2章でも触れたが、文部科学省組織規則において高等教育局及び初等中等教育局に視学委員を置く旨の規定が明記されている。初等中等教育局の視学委員については、1958年に新たに委嘱されたことが新聞報道されたが、その後、運用されない状態に陥り、永井道雄氏が文部大臣を務めた1970年代に一時的に復活し、再び運用されない状態にあった。

　2007年6月21日付け文部科学省初等中等教育局長決定で定められた初等中等教育局視学委員規程では、視学委員は、学校教育、地方教育行政の職務経験者及び大学等の職員であって、専門的な知識、経験等を有する者のうちから委嘱され、初等中等教育について専門的、技術的な指導及び助言に当たるとしている。

　教員の免許状授与の所要資格を得させるための大学の課程、いわゆる教職課程の水準の維持・向上を図るため、必要に応じて、教職課程を有する大学に対して、実地視察を行うことが、2001年7月19日付け教員養成部会決定で定められた教職課程認定大学実地視察規程において運用されてきた。その実態を明らかにした研究成果は少ないが、中村（2007）が所属大学での対応を事例報告している。

　2006年7月11日付けで公表された中央教育審議会答申『今後の教員養成・免許制度の在り方について』において、教職課程に係る事後評価機能や認定審査の充実を図ることが明記され、特に、「認定後の教職課程の質の維持・向上を図る上で、現在、教員養成部会の下に置かれる課程認定委員会により行われている実地視察は、大きな意義を有している」と高く評価されていた。

同時期に、学科等の目的・性格と免許状との相当関係が薄い事例(経営学系の学科における保健体育の免許状の認定)が生じ、教職課程認定後の教育状況が芳しくない事例も見受けられるなど、教職課程の水準の維持が懸念されるようになった。

このような状況を受けて、2009年2月27日の中央教育審議会初等中等教育分科会教員養成部会において、教職課程認定大学実地視察規程の改正案が提示され、同実施視察について、教員養成部会及び課程認定委員会の委員のほか、初等中等教育局視学委員が新たに加わることとなった。以下は、教職課程認定大学実地視察規程のうち、実地視察方法の規定を示している。

 2 実地視察方法
  (1) 実地視察は、教職課程認定基準(以下「認定基準」という。)及び教職課程認定審査の確認事項(以下「確認事項」という。)に基づき、主として次の点に留意しながら、当該大学が、必要な法令等の基準を満たし、適切な教職課程の水準にあるかどうかを確認する。
   1. 教員養成に対する理念、設置の趣旨等
   2. 教育課程及び履修方法
   3. 教員組織
   4. 施設・設備(図書等を含む。)
   5. 教育実習の実施計画、教育実習校等
   6. 学則
   7. 学生の教員への就職状況
  (2) 実地視察は教員養成部会(以下「部会」という。)及び課程認定委員会(以下「委員会」という。)に属する委員並びに文部科学省組織規則第34条に規定する視学委員(教職課程に関する専門的な知見を有する者に限る。)(以下これらを総称して「委員」という。)2名以上(うち1名以上は委員会の委員)で分担して行う。
  (3) 実地視察を行う委員は部会長が定める。

⑷ 委員は利害関係のある大学の実地視察はできない。
⑸ 実地視察には、文部科学省担当官(以下「担当官」という。)が同行し、事務にあたる。
⑹ 実地視察にあたっては、必要に応じて、当該大学の所在する都道府県及び市区町村の教育委員会を実地視察に参加させることができる。
⑺ 部会長は、実地視察大学に対し、実地視察調査表をあらかじめ提出させ、実地視察の日時及び視察事項についてあらかじめ通知する。また、実地視察大学に対し、関係書類を視察の際用意させることができる。
⑻ 実地視察で明らかになった改善すべき事項については、適切な指導・助言を行い、その是正措置を求めるものとする。

　当該実地視察の結果は文部科学省ホームページにおいて公表されており、2010年度は40大学の実地視察が行われた。その総括の一部として、「今年度の実地視察大学については、法令及び認定基準を満たしていた大学が多かったものの、これらについての理解が浅く、法令及び認定基準違反となっている大学も見られた。また、教員養成に対する理念を、全学的に明確に持っていない大学も見られたため、大学が教職課程の理念や設置趣旨等を明確に持ち、その理念を十分反映した教育課程・教員組織の編成や教職指導体制の確立に努めるよう求めた。」(文部科学省2010b)との指摘が見られ、実地視察による指導助言の必要性と有効性が窺える。

引用・参考文献

A大学（1997－1998）『視学委員実地視察関係綴』A大学所蔵
阿部重孝（1937）「視学制度」『教育学辞典　第二巻』岩波書店：902－905
天城勲（1977）「総括と展望」『大学設置基準の研究』東京大学出版会：297－318
天野郁夫（1977）「戦前期の設置認可行政」天城勲・慶伊富長編『大学設置基準の研究』東京大学出版会：79－101
天野郁夫（1989）『近代日本高等教育研究』玉川大学出版部
天野郁夫（2007）『増補　試験の社会史』平凡社ライブラリー
朝日新聞（1958）「視学委員に廿九氏　－文部省　専門別に指導委嘱－」（1958.11.11朝刊2面）
麻生誠（1997）座談会「大学が社会に果たすべき責任と自己点検・評価の役割」『文部時報』No.1450:13－14
B大学（1973－2002）『視学委員実地視察関係綴』B大学所蔵
C大学（1961－2003）『視学委員実地視察関係綴』C大学所蔵
中央教育審議会（1954）『医学および歯学の教育に関する答申』
中央教育審議会（2002）『大学の質の保証に係る新たなシステムの構築について（答申）』
中央教育審議会（2005）『我が国の高等教育の将来像（答申）』
中央教育審議会（2006）『今後の教員養成・免許制度の在り方について（答申）』
中央教育審議会大学分科会（2008）「設置基準と設置認可の現状と課題について」第71回中央教育審議会大学分科会資料
中央教育審議会大学分科会（2009a）『中長期的な大学教育の在り方に関する第一次報告－大学教育の構造転換に向けて－』
中央教育審議会大学分科会（2009b）『中長期的な大学教育の在り方に関する第二次報告』
中央教育審議会大学分科会大学教育部会（2013）「大学設置・学校法人審議会審議事項の整理（大学の質保証システムに関する検討課題）」第25回中央教育審議会大学分科会大学教育部会資料
CIE（1946）Education in Japan（＝1978，児玉三夫訳，『日本の教育　連合国軍占領政策資料』明星大学出版部）
D大学（1961－1996）『視学委員実地視察関係綴』D大学所蔵
大学基準協会（1957）『大学基準協会十年史』

大学基準協会（1983）「大学設置基準に関する問題点（第一次中間報告）」『会報』第49号：48－56
大学基準協会（1986－1988）「本協会のあり方検討委員会議事録」大学基準協会所蔵
大学基準協会（1987）「大学基準協会と視学委員制とのリンケージに関する提案」（1987.1.20）大学基準協会所蔵
大学基準協会（1988）「本協会のあり方に関する中間まとめ」『会報』第61号：35－37
大学基準協会（1990）「本協会のあり方に関する第二次中間まとめ」『会報』第65号：22－25
大学基準協会（1995）『大学評価マニュアル』
大学基準協会（1995a）「本協会のあり方に関する第三次中間まとめ　－大学基準協会による当面の「加盟判定審査」と「相互評価」のあり方を中心として－」『会報』第71号：112－129
大学基準協会（1999）『わが国大学の第三者評価のあり方に関する意識調査結果（要旨）』
大学基準協会（2000）『大学評価の新たな地平を切り拓く（提言）』
大学基準協会（2005）『大学基準協会五十五年史』＜通史・資料編＞CD-ROM版
大学審議会（1991）『大学教育の改善について（答申）』
大学審議会（1998）『21世紀の大学像と今後の改革方策について　－競争的環境の中で個性輝く大学（答申）』
大学設置審議会大学設置計画分科会（1979）『高等教育の計画的整備について』
ENQA(2005) Standards and Guidelines for Quality Assurance in the European Higher Education Area
船寄俊雄・無試験検定研究会編（2005）『近代日本中等教員養成に果たした私学の役割に関する歴史的研究』学文社
現代日本教育史料編集委員会（1984－86）『現代日本教育史料3・7・13』東京法令出版
行政管理庁行政監察局（1971）『私立大学等に対する指導および助成に関する行政監察結果報告書』
行政管理庁行政監察局（1983）『私学経営の現状と問題点　－行政管理庁の行政監察結果からみて－』
橋本鉱市（2003）「GHQ/SCAP/PHWと「医学教育審議会」(1)　－占領期医学教育改革の審議内容と政策過程－」『東北大学大学院教育学研究科研究年報』第51集：29－52
橋本鉱市（2004）「GHQ/SCAP/PHWと「医学教育審議会」(2)　－占領期医学教育改革の審議内容と政策過程－」『東北大学大学院教育学研究科研究年報』第52集：63－85

橋本鉱市（2008）『専門職養成の政策過程－戦後日本の医師数をめぐって－』日本図書センター
羽田貴史（2005）「はじめに」広島大学高等教育研究開発センター編『COE研究シリーズ16　高等教育の質的保証に関する国際比較研究』：ⅰ-ⅲ
羽田貴史・米澤彰純・杉本和弘編（2009）『高等教育質保証の国際比較』東信堂
林　透（2008）「日本の高等教育における視学委員制度　－制度的沿革と機能を中心に－」『大学教育学会誌』第30巻第1号：80－89
林　透（2009）「臨教審以後のアクレディテーションの展開に関する一考察　－大学基準協会と文部省視学委員制度を巡って－」『名古屋大学大学院教育発達科学研究科紀要（教育科学）』第55巻第2号：181－189
林　透（2010）「戦間期における私立医歯薬系専門学校の質保証に関する一考察　－無試験免許指定制度に焦点を当てて－」『名古屋大学大学院教育発達科学研究科紀要（教育科学）』第56巻第2号：143－153
林　透（2011）「高等教育質保証システムの揺らぎ　－認証評価制度導入期を中心に－」『大学行政管理学会誌』第14号：93－101
早田幸政（1997）『大学評価システムと自己点検・評価』エイデル研究所
平田宗史（1979）『明治地方視学制度史の研究』風間書房
広島大学高等教育研究開発センター（2005）『ＣＯＥシリーズ16　高等教育の質的保証に関する国際比較研究』
堀籠崇（2008）「GHQによる占領期医療制度改革に関する史的考察　－医学教育制度・病院管理制度を中心として－」『医療経済研究』Vol.20 No.1：35-48
医事公論（1930）「視学委員の眼に映じた東京所在の医専と医大　－経営本位で収容せらるる生徒－」『医事公論』第985号：27
伊藤彰浩（1996）「高等教育大拡張期の政策展開　－"理工系拡充策"と"急増対策"－」放送教育開発センター研究報告第91号『学習社会におけるマス高等教育の構造と機能に関する研究』：91－105
伊藤彰浩（1999）『戦間期日本の高等教育』玉川大学出版部
岩手医科大学（1968）『岩手医科大学四十年史』
海後宗臣・寺崎昌男（1969）戦後日本の教育改革第9巻『大学教育』
金沢大学50年史編纂委員会（1999）『金沢大学50年史　部局編』：992－1076
金沢大学50年史編纂室（1998）「青野茂行前学長を囲んで」『金沢大学50年史編纂ニューズ・レター』No.8
神田修（1970）『明治憲法下の教育行政の研究』福村出版
神田修（1990）「視学制度」『新教育学大辞典』第3巻、第一法規出版：384－385
金子元久（1991）「高等教育の構造変化と大学評価」広島大学大学教育研究センター『大学論集』第20集：101－120

金子元久 (1998) 座談会「大学評価 －何のための大学評価か」『現代の高等教育』:8-9
官報 (1905 － 1935)『官報』
唐沢信安 (1996a)「財団法人日本医学専門学校の学校騒動と私立東京医学専門学校の独立分離（上）」『日本医史学雑誌』42巻第3号：21 － 39
唐沢信安 (1996b)「財団法人日本医学専門学校の学校騒動と私立東京医学専門学校の独立分離（下）」『日本医史学雑誌』42巻第4号：49 － 63
木田宏 (1983)『教育行政法　新版』良書普及会
近代日本教育制度史料編纂会 (1957)『近代日本教育制度史料　第24巻』大日本雄弁講談社
喜多村和之 (1977)「戦後の学制改革と設置認可行政」『大学設置基準の研究』東京大学出版会：102 － 122
喜多村和之 (1993)『新版　大学評価とはなにか－自己点検・評価と基準認定』東信堂
喜多村和之 (1999)『現代の大学・高等教育　－教育の制度と機能－』玉川大学出版部
国立国会図書館 (1947 － 1992)『国会会議録』(http://kokkai.ndl.go.jp/、2011.11.7)
厚生省医務局 (1955)『医制八十年史』：806-813
黒羽亮一 (1990)「日本の大学設置基準運用の経緯と課題」飯島宗一・戸田修三・西原春夫編『大学設置・評価の研究』東信堂：41 － 68
黒羽亮一 (1994)『学校と社会の昭和史（下）』第一法規出版
京都大学 (1962)「視学委員関係書類」京都大学文書館所蔵
京都大学 (1975)「視学委員関係書類」京都大学文書館所蔵
京都大学 (1984)「視学委員関係書類」京都大学文書館所蔵
教育時論 (1932)「不良学校取締の制定」『教育時論』第1689号：39
教育刷新評議会 (1936)『教学刷新ニ関スル答申』
宮地寛一編 (1983)『－当面する重要課題に答える－　大学人必携　今日の大学運営』文教ニュース社
宮崎大学農学部獣医学科 (1999)「宮崎大学における獣医学科再編整備問題の経緯」(http://www.vm.a.u-tokyo.ac.jp/yakuri/kaizen/kaken/org/Miyadai_HP.pdf、2011.11.7)
宮崎県議会史編さん委員会 (1992)『宮崎県議会史』第16集
宮崎日日新聞 (1977)「獣医学部を宮大に」(1977.3.15朝刊1面)
文部省 (1915 － 1935)『日本帝國文部省年報（第43年報－第63年報）』
文部省 (1924 － 1933)『学則、規則に関する許認可文書・認定学校、指定学校等学則・歯科医師法上指定学校第一冊～二冊』国立公文書館所蔵（本館-3A -010-01・昭47文部01114100、本館-3A -010-01・昭47文部01115100）
文部省 (1926 － 1948)『学則、規則に関する許認可文書・認定学校、指定学校等学則・薬剤師法（薬争法）上指定学校第一冊～二冊』国立公文書館所蔵（本館-3A -010-01・昭47文部01116100、本館-3A -010-01・昭47文部01117100、本館

-3A-010-01・昭47文部01118100、本館-3A-010-01・昭47文部01119100）
文部省（1929－1930）『学則、規則に関する許認可文書・認定学校、指定学校等学則・医師法上指定学校・第一冊』国立公文書館所蔵（本館-3A -010-01・昭47文部01110100）
文部省（1932a）『学則、規則に関する許認可文書・認定学校、指定学校等学則・医師法上指定学校・第二冊』国立公文書館所蔵（本館-3A -010-01・昭47文部01111100）
文部省（1932b）『学則、規則に関する許認可文書・認定学校、指定学校等学則・医師法上指定学校・第三冊』国立公文書館所蔵（本館-3A -010-01・昭47文部01112100）
文部省（1932c）『不正入学等ニ関スル省議決定指示事項留意方並指示事項答申書』国立公文書館所蔵（本館-3A -032-06・昭59文部02453100）
文部省（1937）『教育関係法令要覧』
文部省（1943）「視学委員嘱託ノ件　照會」（1943.10.7）国立公文書館所蔵（3A-032-04・昭59文部02331100）
文部省（1946a）「醫學の視學委員について」（1946.6.25起案文書）国立公文書館所蔵（1-3A-030-06、昭和59文部-01137-100）
文部省（1946b）「醫學の視學委員について」（1946.9.2起案文書）国立公文書館所蔵（1-3A-032-04、昭和59文部-02331-100）
文部省（1946c）「醫學教育視學委員推薦の件」（1946.9.9）国立公文書館所蔵（1-3A-032-04、昭和59文部-02331-100）
文部省（1946d）「視學委員上申案」（1946.9.16起案文書）国立公文書館所蔵（1-3A-032-04、昭和59文部-02331-100）
文部省（1946e）「視學委員上申案（齒科醫學關係）」（1946.12.27起案文書）国立公文書館所蔵（1-3A-032-04、昭和59文部-02331-100）
文部省（1947a）「上申（藥學關係）」（1947.10.11）国立公文書館所蔵（1-3A-032-04、昭和59文部-02331-100）
文部省（1947b）「省令案」（1947.11.28）国立公文書館所蔵（本館-3D-009-00・平1文部01295100）
文部省（1948）「上申（獸醫學關係）」（1948.1.22）国立公文書館所蔵（1-3A-032-04、昭和59文部-02331-100）
文部省（1949）『視学制度に関する調査－沿革、現状、見通し－』文部省教育調査第13集
文部省（1956－1999）『文部省年報（第81年報－第127年報）』
文部省（1957）「大学設置基準とその解説」『大学資料』第5号：7
文部省（1961）「視学委員規程の一部改正について」（1961.10.14文大大第557号）国

立公文書館所蔵(1-3D-009-00、平1文部-01171-100)
文部省(1962a)「視学委員規程の一部改正について」(1962.5.17文大大第263号)国立公文書館所蔵(1-3D-009-00、平1文部-01171-100)
文部省(1962b)「科学技術者養成計画」『文部省第88年報　昭和35年度版』：17
文部省(1963a)「科学技術者養成計画」『文部省第89年報　昭和36年度版』：17
文部省(1963b)「学科増設及び学生定員変更の取扱いについて」『文部省第89年報　昭和36年度版』：233-234
文部省(1965)「視学委員規程の一部改正について」(1965.5.27文大大第296号)国立公文書館所蔵(1-3D-009-00、平1文部-01171-100)
文部省(1975)「視学委員規程の一部を改正する規程」(1975.6.10文大高第252号)国立公文書館所蔵(1-3D-009-00、平1文部-01171-100)
文部省(1986)「視察のフォローアップ」『改善充実勧告(大学)昭和61年度』国立公文書館所蔵(3D-003-00・平16文科00245100)
文部省(1988)「大学改革協議会の研究協議のまとめ」『大学資料』第103・104号
文部省(1989)「薬学視学委員の実地視察における留意事項」『改善充実勧告(大学)平成元年度』国立公文書館所蔵(3D-003-00・平16文科00248100)
文部省編(1997)『復刻版 文部行政資料(終戦教育事務処理提要)第4巻』図書刊行会
文部省内教育史編纂会(1939)『明治以降　教育制度発達史　第六巻』
文部科学省(2002)『平成13年度文部科学省実績報告書』
文部科学省(2003a)「視学委員実地視察の状況」文部科学省資料
文部科学省(2003b)「実地視察日程(標準)」文部科学省資料
文部科学省(2003c)「平成11年度実地視察校における改善充実状況について」文部科学省作成資料
文部科学省(2003d)「視学委員実地視察機関別一覧」文部科学省資料
文部科学省(2003e)『平成14年度政策評価の結果の政策への反映状況報告』
文部科学省(2003f)『平成14年度文部科学省実績報告書』
文部科学省(2004)『平成15年度文部科学省実績報告書』
文部科学省(2005−2011)「設置計画履行状況調査(アフターケア)の結果について」(http://www.mext.go.jp/a_menu/koutou/secchi/06122512.htm、2011.11.7)
文部科学省(2005)「11月答申の提出に当たって〔大学設置・学校法人審議会会長コメント〕」(http://www.mext.go.jp/b_menu/shingi/daigaku/toushin/05112501.htm、2011.11.7)
文部科学省(2010a)「大学の設置認可・届出の総件数」(http://www.mext.go.jp/b_menu/houdou/22/02/_icsFiles/afieldfile/2010/02/05/1289952_02.pdf、2011.11.7)
文部科学省(2010b)「平成22年度教員免許課程認定大学実地視察について」(http://www.mext.go.jp/a_menu/shotou/kyoin/menkyo/shisatu/1312021.htm、

2011.11.7)
永井逸郎(1932)「学校企業の裏表」『中央公論』1932年6月号：322－328
長峰毅(1985)『学校法人と私立学校』日本評論社
長尾優(1966)『一筋の歯学への道普請　－東京医科歯科大学のあゆみ－』医歯薬出版
長尾優(1968)『島峯徹先生』医歯薬出版
内閣府(1998)『規制緩和推進3ヶ年計画』
中村拓昭(2007)「教職課程の現状と課題　－教職課程認定大学実地視察の事例報告－」『教師教育研究』第20号：25-33
日本医事新報(1931)「文部省学生試験の結果　四医専の指定危ぶまる　医師資格に大事を執る当局　私立各医専は大恐慌を来す」『日本医事新報』第492号：27
日本医事新報(1933)「重要案件審議決定の視学員会議」『日本医事新報』第544号：33
日本歯科大学(1971)『日本歯科大学60周年誌』
日本私立学校振興・共済事業団(2007)「私立大学等経常費補助金を交付しない定員超過率の推移」日本私立学校振興・共済事業団作成資料
西原春夫(1990)「自己評価への道」飯島宗一・戸田修三・西原春夫編『大学設置・評価の研究』東信堂：215－232
小高健編(2001)『長與又郎日記　上』学会出版センター
OECD (2004) Quality and Recognition in Higher Education, The Cross-border Challenge
大﨑仁(1998)座談会「大学評価　－何のための大学評価か」『現代の高等教育』:20-21
大﨑仁(1999)『大学改革1945－1999』有斐閣選書
臨時教育審議会(1986a)『教育改革に関する第二次答申』
臨時教育審議会(1986b)「審議経過の概要(その3)」
参議院(1983)『1983年5月17日参議院文教委員会議事録』(http://kokkai.ndl.go.jp/、2011.11.7)
佐々木啓子(2002)『戦前期女子高等教育の量的拡大過程　－政府・生徒・学校のダイナミクス』東京大学出版会
Schwartz, Stefanie and Westerheijden, Don.F.(eds.)(2004)Accreditation and Evaluation in the European Higher Education Area, Kluwer Academic Publishers
歯科教育審議会(1947)「歯科教育審議会報告書(其ニ)」『医歯薬史雑録』医歯薬出版：234－245
島崎藤村(1906)『破戒』緑蔭叢書(新潮文庫版)
清水清明編(1903)『哲学館事件と倫理問題』文明堂
衆議院(1969)『1969年7月23日衆議院文教委員会議事録』(http://kokkai.ndl.go.jp/、2011.11.7)

衆議院（1983）『1983年7月27日衆議院文教委員会議事録』(http://kokkai.ndl.go.jp/、2011.11.7)
総務庁行政監察局（2000）『行政監察史』
総務省（2001－2011）「行政評価・監視結果」(http://www.soumu.go.jp/main_sosiki/hyouka/hyouka_kansi_n/ketsuka.html、2011.11.7)
総務省（2002a）『私立学校の振興に関する行政評価・監視結果に基づく勧告 －高等教育機関を中心にして－』
総務省（2002b）『私立学校の振興に関する行政評価・監視結果報告書：高等教育機関を中心にして』
総務省（2003）『私立学校の振興に関する行政評価・監視－高等教育機関を中心として－の勧告に伴う改善措置状況（回答）の概要』
総務省（2004）『私立学校の振興に関する行政評価・監視―高等教育機関を中心にして－の勧告に伴う改善措置状況（その後）の概要』
鈴木博雄編（1990）『日本近代教育史の研究』振学出版
舘昭（2004）「大学の評価と質の保証　－「認証評価」制度の意義と課題－」『ＩＤＥ現代の高等教育』No.464：10－18
高梨光司（1940）『佐多愛彦先生伝』佐多愛彦先生古稀壽祝記念事業会
田中征男（1995）『戦後改革と大学基準協会の形成』大学基準協会
Teichler, Ulrich（2005）Convergence and Diversity on the Way Towards the European Higher Education Area（＝2005,吉川裕美子訳,「『ヨーロッパ高等教育圏』に向けての収斂と多様性」『大学評価・学位研究』第2号：1-18）
寺崎昌男・戦時下教育研究会編（1987）『総力戦体制と教育 皇国民「錬成」の理念と実践の詳細』東京大学出版会
The first and second United States Education Mission to Japan(1946) The reports of the first and second United States Education Mission to Japan(＝1979, 村井実訳,『アメリカ教育使節団報告書』講談社：67)
東京朝日新聞（1929）「專門學務局視學委員　－きのふ初會合－」(1929.12.22朝刊2面)
東京朝日新聞（1933）「学生こそ迷惑！遂に国家試験　私学医専等にインチキの報ひ期日と科目決る」(1933.2.15朝刊3面)
東京医科大学（1971）『東京医科大学五十年史』
東京女子医科大学（1966）『東京女子医科大学小史－六十五年の歩み－』
浦田広朗（2005）「私立大学教育条件の推移」『私立高等教育データブック（2005年3月）』日本私立大学協会附置私立高等教育研究所・私立高等教育研究叢書
Vroeijenstijn A.I.（1995）Guide for External Quality Assessment in Higher Education, Jessica Kingsley Publishers（＝2002, 米澤彰純・福留東土訳,『大学評価ハンドブッ

ク』玉川大学出版部)
讀賣新聞(1928a)「筍のように出来る各地の医専　既に3医専は認可　あと3か所から申請」(1928.1.4朝刊7面)
讀賣新聞(1928b)「医専乱造の裏側に地価つり上げの魂胆　文部省の態度硬化す」(1928.10.20朝刊11面)
讀賣新聞(1933)「斷乎、私學へも干渉　學園改新のメス」(1933.12.1朝刊7面)
讀賣新聞(1939)「視学委員に軍人」(1939.4.23夕刊2面)
吉本二郎、熱海則夫編(1980)『現代学校教育全集第22巻　学校と教育行政』ぎょうせい：60－67

あとがき

　本書は、筆者が名古屋大学大学院教育発達科学研究科に提出した博士学位請求論文『高等教育における視学委員制度の研究　―質保証システムの日本的構造に関する一考察―』（2011年12月に「博士（教育）」取得）を加筆修正したものである。今回、大学行政管理学会自費出版奨励金の助成を受けて出版するものである。本書の出版に当たっては、東信堂の下田勝司取締役社長からきめ細かい助言と励ましの言葉をいただき、大変お世話になった。感謝申し上げたい。

　筆者は、教育者として、研究者として、日々の教育研究実践はもちろんのこと、論文等における執筆活動が重要な職業となっている。このように自らの著書を出版することが出来る原点となったのは、「書くことが楽しい」という思いをいつからか自然と抱くようになったことに始まる。過去を振り返れば、書くことが大の苦手であった少年時代を思い出す。金沢大学教育学部附属高等学校(当時)時代、恩師である松田章一先生(鈴木大拙館・前館長)の居室に受験勉強目的で通い詰めて受けた作文個人添削指導が、10年、20年と時が経つに従い、筆者自身のかけがえのない財産になっていることを強く感じるようになった。有名なキャリア理論に"プランド・ハプンスタンス"という言葉があるが、興味を感じつつ書くことを持続してきたことが、本書というかたちに結実したと思う。松田章一先生に感謝申し上げたい。

　本書は、筆者自身の高等教育研究の成果をまとめたものである。筆者が高等教育研究というフィールドを自覚したのはそう遠い昔ではない。筆者は、1996年に金沢大学職員として奉職し、事務職員としてのキャリアを積み重ねてきた。国立大学法人化直前の2002年、新しく配属された総務部総務課

において、同時期に文部科学省から転任してきた松坂浩史 総務課長（現・文部科学省）の下で仕事をする機会に恵まれた。

　奇しくも同年齢である松坂氏との出会いは、私のキャリアに大きな衝撃を与えた。法人化直前の緊迫した大学運営において、松坂氏の企画力や行動力に強い影響を受けただけでなく、何よりも新鮮であったのが、松坂氏のデスク背後に並ぶ高等教育に関する書籍群であった。

　その後、松坂氏が背中を押してくれたこともあって、2004年に桜美林大学国際学研究科大学アドミニストレーター専攻（通信教育課程）1期生として高等教育研究の門を叩くこととなった。

　法人化直後の2004年は、新しい赴任先であった北陸先端科学技術大学院大学において慣れない係長職に忙殺されながらも、大学院でのレポート課題に休日返上で取り組む日々が続いた。その中で、高等教育に関する著書を読み、第一線で活躍する多くの先生からの講義を受ける中で、高等教育を研究するということの探究心が高まっていった。そんなとき、修士研究のテーマとして定めたのが、視学委員制度であった。これまでの大学事務職員のキャリアの中で、漠然とではあるが、私の意識の中で、「視学委員とは何か」という疑問が存在していたことが動機であった。1996年に金沢大学に就職し、最初に配属になった庶務部庶務課のセクションにおいて、設置審査関係や視学委員関係の書類作成に従事する機会に恵まれた。そのため、私にとって、視学委員という存在は聞き慣れたものではあったが、採用当初の時期において、その果たす役割など意に介することはなかった。それから数年が立ち、再び総務部総務課（旧庶務部庶務課）に配属になったとき、法人化を目前にして、第三者評価制度の導入が声高に叫ばれている時期でありながら、依然として視学委員による実地視察が行われている事実に直面し、率直に、大学評価との重複性という問題点を強く意識したのである。

　最初は、直感的に選んだ視学委員制度の研究であったが、このテーマに取り組み始め、各種資料を収集するにつれて、漠然とした問題意識が本質的なものであることを自覚するようになった。そのような自覚へと導いていただ

いたのは、桜美林大学大学院(修士課程)の指導教員である舘昭教授から的確なご指導をいただいたからにほかならない。また、当時のゼミ仲間から文部行政のあり方を含め、いろいろなアドバイスを直接受けることが出来たことも筆者にとっては非常に大きな力となった。舘先生には、その後の博士後期課程進学から今日に至るまでお付き合いいただいており、厚くお礼申し上げたい。

　名古屋大学大学院(博士後期課程)に進学してからは、伊藤彰浩教授から歴史研究への取り組み方、研究論文の基本をきめ細かくご指導いただき、本研究を戦前期から戦後期に至る一貫性あるものに導いていただいた。最終審査では、博士論文審査委員会の先生方から、厳しくもありながら、きめ細かい指導をいただけたことに感謝の言葉が尽ない。筆者が研究領域を戦前期に展開していく中で、伊藤先生からご指導をいただけたことは非常に恵まれていたと感じており、修士研究と博士研究の違いや極意について的確にご指導いただけたことは今日においても役立っており、厚くお礼申し上げたい。

　博士論文を仕上げることは想像以上に過酷な作業であったが、北陸先端科学技術大学院大学において、自らのキャリアを大学事務職員から大学教員に転じ、博士論文執筆を完結することができたのは、常に温かく見守っていただいた同大学大学院教育イニシアティブセンター長の浅野哲夫教授のご理解があったからこそと感謝している。同様に、金沢大学 大学教育開発・支援センターの青野透教授からも温かくご指導をいただいたことに感謝の念が堪えない。その過程では、大阪大学評価・情報分析室の早田幸政教授からも励ましをいただき、大学基準協会の資料閲覧に際して、ご配慮をいただいた。金沢大学附属図書館の守本瞬係長には、友として勇気づけられるアドバイスをいただき、苦楽を共にしてくれたことにただただ感謝するばかりである。また、今回の出版では、専修大学　市岡修教授から何度となくアドバイスをいただいたことが大きな励みとなった。

　このほか、訪問調査や各種情報収集において、多くの方々のご協力とご支援があったことにお礼を申し上げたい。

本研究では、高等教育における視学委員制度について体系的に明らかにすることに主眼が置かれており、質保証システムの日本的構造の探究という側面においては当該研究の一段階に過ぎないと考えている。今後、対象を広げながら、普遍的な課題解決を目指し、日本の高等教育の質保証に大きく貢献できるよう更なる努力を惜しまない所存である。

　最後に、筆者が好きな研究に没頭することを許してくれている妻　明美に誰よりも増して「ありがとう」と言いたい。同様に、長男　将史、長女　里香、そして、母　玲子に感謝したい。
　本書を、天国から見守ってくれている父、祖父母、義父に捧げる。

2014年3月

林　透

索　引

あ行

アカウンタビリティ　9, 10, 155
アクレディテーション　5, 6, 9～11, 13, 17, 18, 23, 49, 69, 75, 76, 78～92, 122, 132, 150, 151
アクレディテーション・システム　5, 6, 10, 49
アフターケア　67, 84, 85, 91, 133, 137, 139～143, 151, 152, 175
医育一元化　32
委員の所見　102, 103, 124, 151, 175
医学視学委員内規　53～55, 150, 153, 173
池正勧告　63, 71, 120, 123, 150, 153, 174
池田正之輔　63
医師法　27, 172
医術開業試験制度　12
インチキ学校征伐　21, 24, 40, 43, 46, 149, 173
大崎仁　115, 120, 123, 155

か行

改善充実要望事項　18, 93, 94, 101, 104, 105, 112, 124, 125, 128, 129, 151
外部評価　14, 99, 113, 119
学生インタビュー　96, 97, 151
学生ストライキ　36, 37
「学科増設及び学生定員変更の取扱いについて」　64
学校法人調査委員　4
機関別評価　141, 152
機能停止　18, 91, 131, 133, 139, 141～143, 151, 152, 155, 175, 181
休眠状態　90, 134, 135
教育振興基本計画　141
教職課程認定　181, 182
行政監察　68, 69, 72, 74, 96, 174
行政管理庁　68～70
公衆衛生福祉局（PHW）　52
『高等教育の計画的整備について』　68
高等諸学校創設及拡張計画　32
公立私立歯科医学校指定規則　27, 172
公立私立専門学校規程　26, 28, 172
国民所得倍増計画　63, 64
国家試験　13, 24, 41, 46, 98, 114, 147, 157, 173

さ行

サンフランシスコ講和条約　58, 91, 150, 173
歯科医師法　27, 172
歯科医学視学委員内規　153, 173
視学 Inspection　156, 157
視学委員　ii, 3～9, 11～19, 21,

23～26, 30～37, 41, 43～47, 49
　　　～76, 81～98, 100～106, 108～
　　　139, 141～144, 147, 149～157, 160
　　　　　　　　～178, 180～182
視学委員制度　　ii, 3～6, 8, 9, 11～19,
　　　21, 23～26, 43～46, 49～53, 58,
　　　62～69, 71, 72, 74～76, 82～93,
　　　108～112, 116, 119～127, 129, 131
　　　～137, 139, 141～143, 145, 147,
　　　　　149～157, 160, 172～176
視学委員の強化　　　　　　　　120
視学制度　　　6～8, 11, 17, 21, 44, 45,
　　　　　　　　　51～53, 166
事後チェック　　　　　　18, 133, 152
自己点検・評価　　69, 81, 90, 99～102,
　　　　　104～106, 132, 133, 142
事前規制　　　　　　　　18, 133, 152
思想視学委員　　　　　　　　44, 173
思想統制　　　7, 8, 17, 22, 43, 45, 46, 150
実地視察　　　3, 4, 15, 17, 18, 21, 25,
　　　31, 34, 36, 37, 43, 45, 53, 55, 56, 62,
　　　69～72, 86, 89, 90, 93～98, 100
　　　～106, 108～113, 115, 116, 118～
　　　129, 132, 134～136, 144, 149～
　　　151, 154～156, 173, 181～183
実地視察調査表　　96, 98, 100, 124, 183
質保証装置　　19, 141, 147, 151, 155
指導行政　　　　　　　　　　　154
指導助言　　　ii, 6, 13, 18, 19, 51, 58,
　　　60, 62, 64, 66, 67, 69, 71, 72, 87, 93,
　　　94, 102, 105, 108～121, 123～126,
　　　129, 131, 133, 135, 141, 142, 147,
　　　　150, 151, 153～156, 183

島峯徹　　　　　　　　　　　　　30
獣医学教育　　　　　　　　114, 115
私立医学専門学校　　21, 27, 28, 32, 33,
　　　　　　　36, 37, 40, 46, 149
私立医学専門学校指定規則　27, 28, 33,
　　　　　　　　　34, 172
私立学校振興助成法　　　67, 72, 174
私立学校法　　　　　　　　　　120
私立歯科医学専門学校　　　　32, 42
私立獣医学専門学校指定規則　　　25
私立大学等経常費補助金　　　67, 68
私立薬学専門学校　　32, 36, 42, 172
私立薬学専門学校指定規則　25, 27, 36,
　　　　　　　　　163
新自由主義　　　　　　　　133, 142
生徒試験　　21, 32, 34, 36, 37, 43, 45, 46,
　　　　　　　　　149
設置認可行政　　5, 13, 19, 72, 75, 79, 91,
　　　　　123, 133, 137, 147, 152
設置認可制度　　5, 23, 26, 131～133,
　　　139, 140, 141, 143, 147, 152, 157,
　　　　　　　　　175
専門学校令　　　　　　　11, 26, 172
専門分野別評価　　　　　　　　141
相互評価　　　　76, 81, 89～92, 151
総務省　　　90, 102, 103, 134～137

た行

大学基準　　　　　　49, 77, 79, 173,
大学基準協会　　75～92, 118, 129, 132,
　　　　　150, 151, 173, 174
大学審議会　80, 87, 117, 133, 135, 142,
　　　　　　　　　151

大学設置・学校法人審議会　ii, 90, 112, 126, 137, 139, 141
大学設置基準　i, 12, 16 〜 18, 50, 60, 71, 72, 79, 81, 84, 91, 93, 94, 100, 102, 110, 112, 123 〜 125, 127, 128, 132, 134, 135, 144, 150, 151, 153, 154, 174, 175
大学評価　9, 10, 13, 14, 17, 18, 81, 89, 90, 121, 125, 133
第三者評価　5, 18, 90, 131 〜 134, 142, 151
チャータリング　23, 78, 81, 132
中央教育審議会　ii, 10, 18, 56, 63, 133, 138, 141, 151, 175, 181, 182
中等教員無試験検定制度　12, 23
適格判定　11, 12, 23, 26, 78, 79, 131, 153
督学　6, 44, 160
督学官　25, 31, 36, 44, 51, 53, 54, 153, 162 〜 164, 172, 173

な行

内部評価　14
長尾優　30
認証評価制度　ii, iii, 5, 16, 18, 76, 86, 90 〜 92, 94, 109, 121, 126, 129, 131, 133, 134, 136 〜 139, 141 〜 143, 151 〜 153, 155, 175
ノーサポート・ノーコントロール　154

は行

ピア・レビュー　10, 123, 127, 132, 154
品質評価　10
文書指導　18, 102 〜 104, 116, 119, 122 〜 124, 151, 156, 175
米国教育使節団　51, 77
法令違反措置　137, 143, 152
ボローニャ宣言　10
本協会のあり方検討委員会（あり方検討委員会）　13, 174
「本協会のあり方に関する中間まとめ」　81, 87
「本協会のあり方に関する第二次中間まとめ」　81, 88
「本協会のあり方に関する第三次中間まとめ」　81

ま行

マスプロ教育　65, 72, 154
水増し入学　65, 72
民間情報教育局（CIE）　51
無試験免許指定審査　8, 11, 15, 17, 21 〜 23, 26, 30 〜 32, 37, 43, 45, 46, 53, 56, 149, 150, 152
文部省視学委員規程　16, 17, 56, 58, 59, 62, 71, 150, 153, 167, 174
文部省督学官及び文部省視学委員学事視察規程　25, 36, 54, 153, 162, 164

ら行

履行状況調査　105, 137, 139, 140, 141
臨時教育審議会　9, 13, 16, 17, 75, 76, 80 〜 82, 84, 91, 92, 132, 133, 142, 150, 153, 174
連合国軍最高司令官総司令部（GHQ）　13

欧字

FD	i, 117, 119
GHQ/SCAP/PHW 資料	53
GHQ/SCAP 資料	13
JABEE	121

著者紹介

林　透（はやし　とおる）

石川県金沢市生まれ。京都大学文学部国語学国文学専攻卒業、京都大学大学院文学研究科国語学国文学専攻修士課程修了、桜美林大学大学院国際学研究科大学アドミニストレーション専攻修士課程(通信教育課程)修了、名古屋大学大学院教育発達科学研究科教育科学専攻(高等教育マネジメント分野)博士後期課程　単位取得満期退学。
北陸先端科学技術大学院大学　大学院教育イニシアティブセンター副センター長・特任准教授を経て、
現在　山口大学　大学教育機構　大学教育センター准教授
　　　博士(教育、名古屋大学)

専門分野：高等教育論、大学組織論、キャリア開発論
主要著書・論文：「日本の高等教育における視学委員制度　－制度的沿革と機能を中心に－」(『大学教育学会誌』第30巻第1号(通巻第57号)、2008年)、「国立大学法人職員のキャリアパスと能力開発に関する一考察」(『大学行政管理学会誌』第11号、2008年)、「臨教審以後のアクレディテーションの展開に関する一考察　－大学基準協会と文部省視学委員制度を巡って－」(『名古屋大学大学院教育発達科学研究科紀要(教育科学)』第55巻第2号、2009年)、「戦間期における私立医歯薬系専門学校の質保証に関する一考察　－無試験免許指定制度に焦点を当てて－」(『名古屋大学大学院教育発達科学研究科紀要(教育科学)』第56巻第2号、2010年)、『大学のグローバル化と内部質保証　～単位の実質化、授業改善、アウトカム評価～』早田幸政、望月太郎編著、第5章「東アジア圏の教育における大学間交流と質保証システム」分担執筆(晃洋書房、2012年)、『大学共創プロジェクト2012報告書』(編著)(金沢大学　大学教育開発・支援センター、2013年)

高等教育における視学委員制度の研究──認証評価制度のルーツを探る

2014年3月15日　　初　版第1刷発行　　　　　　　　〔検印省略〕
　　　　　　　　　　　　　　　　　　　　　　　定価はカバーに表示してあります。

著者Ⓒ林　透／発行者　下田勝司　　　　　印刷・製本／中央精版印刷株式会社

東京都文京区向丘1-20-6　　郵便振替00110-6-37828
〒113-0023　TEL(03)3818-5521　FAX(03)3818-5514　　発行所　株式会社　東信堂
Published by TOSHINDO PUBLISHING CO., LTD.
1-20-6, Mukougaoka, Bunkyo-ku, Tokyo, 113-0023, Japan
E-mail : tk203444@fsinet.or.jp　http://www.toshindo-pub.com

ISBN978-4-7989-1216-5　C3037　　Ⓒ Hayashi Toru

東信堂

書名	著者	価格
転換期を読み解く──潮木守一時評・書評集	潮木守一	二六〇〇円
大学再生への具体像〔第2版〕	潮木守一	二四〇〇円
フンボルト理念の終焉？──現代大学の新次元	潮木守一	二五〇〇円
いくさの響きを聞きながら──横須賀そしてベルリン	潮木守一	二四〇〇円
大学教育の思想──学士課程教育のデザイン	潮木守一	二八〇〇円
国立大学法人の形成	絹川正吉	二八〇〇円
国立大学・法人化の行方──自立と格差のはざまで	大崎仁	二六〇〇円
高等教育における視学委員制度の研究	天野郁夫	三六〇〇円
認証評価制度のルーツを探る		
転換期日本の大学改革──アメリカと日本	林透	三八〇〇円
大学の責務	立川明・坂本辰朗 D.ケネディ著 井上比呂子訳	三六〇〇円
大学の財政と経営	江原武一	三八〇〇円
私立大学マネジメント	(社)私立大学連盟編	三二〇〇円
私立大学の経営と拡大・再編──一九八〇年代後半以降の動態	丸山文裕	三三〇〇円
大学事務職員のための高等教育システム論〔新版〕──より良い大学経営専門職となるために	両角亜希子	四二〇〇円
新自由主義大学改革──国際機関と各国の動向	山本眞一	四七〇〇円
新興国家の世界水準大学戦略──世界水準をめざすアジア・中南米と日本	米澤彰純監訳	一六〇〇円
原理・原則を踏まえた大学改革を──場当たり策からの脱却こそグローバル化の条件	細井克彦編集代表	三八〇〇円
改めて「大学制度とは何か」を問う	舘昭	四八〇〇円
原点に立ち返っての大学改革	舘昭	二〇〇〇円
戦後日本産業界の大学教育要求──経済団体の教育言説と現代の教養論	舘昭	一〇〇〇円
イギリスの大学──対位線の転移による質的転換	飯吉弘子	五四〇〇円
新時代を切り拓く大学評価──日本とイギリス	秦由美子編	五八〇〇円
韓国大学改革のダイナミズム──ワールドクラス(WCU)への挑戦	秦由美子編	三六〇〇円
韓国の才能教育制度──その構造と機能	馬越徹	二七〇〇円
スタンフォード21世紀を創る大学	石川裕之	三八〇〇円
アメリカ大学管理運営職の養成	ホーン川嶋瑤子	二五〇〇円
	高野篤子	三二〇〇円

〒113-0023 東京都文京区向丘1-20-6
TEL 03-3818-5521　FAX03-3818-5514　振替 00110-6-37828
Email tk203444@fsinet.or.jp　URL:http://www.toshindo-pub.com/

※定価：表示価格（本体）＋税

東信堂

書名	著者	価格
大学の自己変革とオートノミー ―点検から創造へ	寺﨑昌男	二五〇〇円
大学教育の創造 ―歴史・システム・カリキュラム	寺﨑昌男	二八〇〇円
大学教育の可能性 ―教養教育・評価・実践	寺﨑昌男	二五〇〇円
大学は歴史の思想で変わる ―FD・評価・私学	寺﨑昌男	二八〇〇円
大学改革 その先を読む	寺﨑昌男	一三〇〇円
大学自らの総合力― 理念とFDそしてSD	寺﨑昌男	二〇〇〇円
英語の一貫教育へ向けて	立教学院英語教育研究会編	三三〇〇円
高等教育質保証の国際比較	杉本和弘・羽田貴史・米澤彰純編	二八〇〇円
大学教育の臨床的研究 ―臨床的人間形成論第1部	田中毎実	二八〇〇円
臨床的人間形成論の構築 ―臨床的人間形成論第2部	田中毎実	三六〇〇円
大学教育のネットワークを創る ―FDの明日へ	京都大学高等教育研究開発推進センター編 松下佳代編集代表	二八〇〇円
「主体的学び」につなげる評価と学習方法 ―カナダで実践されるICEモデル	土持ゲーリー法一 訳	一〇〇〇円
ポートフォリオが日本の大学を変える ―ティーチング/ラーニング/アカデミック・ポートフォリオの活用	土持ゲーリー法一	二五〇〇円
ティーチング・ポートフォリオ ―授業改善の秘訣	土持ゲーリー法一	二〇〇〇円
ラーニング・ポートフォリオ ―学習改善の秘訣	土持ゲーリー法一	二五〇〇円
学生支援に求められる条件 ―学生支援GPの実践と新しい学びのかたち	大島真夫・濱島幸司・野村多郎人	二八〇〇円
学士課程教育の質保証へむけて ―学生調査と初年次教育からみえてきたもの	山田礼子	三二〇〇円
大学教育を科学する ―学生の教育評価の国際比較	山田礼子編著	三六〇〇円
一年次(導入)教育の日米比較	山田礼子	二八〇〇円
「深い学び」につながるアクティブラーニング ―全国大学の学科調査報告とカリキュラム設計の課題	河合塾編著	二八〇〇円
アクティブラーニングでなぜ学生が成長するのか ―経済系・工学系の全国大学調査からみえてきたこと	河合塾編著	二八〇〇円
初年次教育でなぜ学生が成長するのか ―全国大学調査からみえてきたこと	河合塾編著	二八〇〇円

〒113-0023 東京都文京区向丘1-20-6
TEL 03-3818-5521 FAX 03-3818-5514 振替 00110-6-37828
Email tk203444@fsinet.or.jp URL:http://www.toshindo-pub.com/

※定価：表示価格（本体）＋税

東信堂

書名	著者	価格
現代アメリカの教育アセスメント行政の展開——マサチューセッツ州（MCASテスト）を中心に	北野秋男編	四八〇〇円
アメリカ公民教育におけるサービス・ラーニング	唐木清志	四六〇〇円
現代アメリカにおける学力形成論の展開——スタンダードに基づくカリキュラムの設計	石井英真	四二〇〇円
ハーバード・プロジェクト・ゼロの芸術認知理論とその実践——内なる知性とクリエティビティを育むハワード・ガードナーの教育戦略	池内慈朗	六五〇〇円
アメリカにおける学校認証評価の現代的展開	浜田博文編	二八〇〇円
アメリカにおける多文化的歴史カリキュラム	桐谷正信	三六〇〇円
EUにおける中国系移民の教育エスノグラフィ	山本須美子	四五〇〇円
社会形成力育成カリキュラムの研究	西村公孝	六五〇〇円
現代ドイツ政治・社会学習論	大友秀明	五二〇〇円
現代教育制度改革への提言 上・下——「事実教授」の展開過程の分析	日本教育制度学会編	各二八〇〇円
現代日本の教育課題——二一世紀の方向性を探る	村田翼夫・山口満編著	二八〇〇円
バイリンガルテキスト現代日本の教育	村田翼夫編著	三八〇〇円
発展途上国の保育と国際協力	上田学著	三八〇〇円
日本の教育経験——途上国の教育開発を考える	浜野隆・三輪千明著	三八〇〇円
子ども・若者の自己形成空間——教育人間学の視線から	国際協力機構編	二八〇〇円
君は自分と通話できるケータイを持っているか	高橋勝編著	二七〇〇円
教育文化人間論——知の逍遙／論の越境	小西正雄	二〇〇〇円
「現代の諸課題と学校教育」講義	小西正雄	二四〇〇円
グローバルな学びへ——協同と刷新の教育	田中智志編著	二〇〇〇円
学びを支える活動へ——存在論の深みから	田中智志編著	二〇〇〇円
教育の共生体へ——ボディ・エデュケーショナルの思想圏	田中智志編	三五〇〇円
人格形成概念の誕生——近代アメリカの教育概念史	田中智志	三六〇〇円
社会性概念の構築——アメリカ進歩主義教育の概念史	田中智志	三八〇〇円
教育による社会的正義の実現——アメリカの挑戦（1945―1980）	D・ラヴィッチ著 末藤美津子訳	五六〇〇円
学校改革抗争の100年——20世紀アメリカ教育史	末藤・宮本・佐藤訳 D・ラヴィッチ著	六四〇〇円

〒113-0023 東京都文京区向丘1-20-6
TEL 03-3818-5521　FAX 03-3818-5514　振替 00110-6-37828
Email tk203444@fsinet.or.jp　URL:http://www.toshindo-pub.com/

※定価：表示価格（本体）＋税